市民的地域社会の展開

檜槇 貢

日本経済評論社

目次

はじめに……………………………………………………………………… 1

序章　課題としてのコミュニティ支援……………………………………… 7

　1. 市民的地域政策の起点……………………………………………… 7
　2. コミュニティ支援の文脈…………………………………………… 15

第1章　近隣社会における組織の解体と再生……………………………… 21

　1. 枠組みとしての「近隣」…………………………………………… 21
　2. 近隣の関係と社会の課題…………………………………………… 23
　3. 地縁社会システムの解体過程……………………………………… 27
　4. 近隣機能再生の萌芽………………………………………………… 34
　5. コミュニティ形成とまちづくり…………………………………… 40
　6. 市民的公共圏の広がり……………………………………………… 49
　7. 行政主導の市民秩序を超えて……………………………………… 53

第2章　市民主体のコミュニティ活動の歴史的動向……………………… 59
　　　　―「民」の社会的ネットワークの系譜―

　1. 最初にコミュニティがあった……………………………………… 59
　2. 前近代における相互扶助・慈恵・慈善…………………………… 64
　3. 近代におけるコミュニティ活動…………………………………… 69
　4. 戦後以降のコミュニティ活動……………………………………… 73
　5. 「民」のネットワーク特性………………………………………… 82

第3章　市民的地域政策事例の検討………………………………………… 89

1. 地域政策事例に求めるもの ………………………………… 89
　　　2. 大都市の市民活動支援事例（三鷹市）……………………… 94
　　　3. 地方都市の市民活動支援事例（宇都宮市）………………… 113
　　　4. 過疎地の市民活動支援事例（山梨県早川町）……………… 138
　　　5. 実在する生活感覚重視の市民的アクション………………… 158

第4章　生活重視の市民的地域政策の論拠と政策 ……………………… 163
　　　1. 市民的地域政策の視座 ………………………………………… 163
　　　2. 生活重視の市民的地域政策の形成 …………………………… 164
　　　3. 市民的地域政策に関する活動上の特質と組織……………… 175
　　　4. アソシエーションとしての市民的地域政策の体制 ………… 182

第5章　コミュニティ支援機能の構図 …………………………………… 187
　　　1. コミュニティからの支援 ……………………………………… 187
　　　2. コミュニティ支援機能の意義と範囲 ………………………… 188
　　　3. コミュニティ支援機能の先行事例 …………………………… 194
　　　4. コミュニティ支援の教訓と期待 ……………………………… 204
　　　5. コミュニティ支援の可能性 …………………………………… 206

終章　生活重視の市民的地域政策の形成 ………………………………… 209
　　　―住民と近隣社会からの地域政策―
　　　1. 住民と近隣社会に係わる課題 ………………………………… 209
　　　2. 近隣社会を基礎とする地域政策の方向 ……………………… 212
　　　3. 構想としての地域政策学 ……………………………………… 219

あとがき ……………………………………………………………………… 220
索引 …………………………………………………………………………… 223

はじめに

　本書の目的は，コミュニティレベルにおける地域政策のあり方を示すことにある．これまでのコミュニティレベルの政策は，地域資源と市民活動を基本としたものとの認識が定着しているにもかかわらず，依然として，行政システムの枠組みによる政策を中心としたものであった．現実には，伸びやかで，自発的な住民・市民の活動が活発に行われているにもかかわらず，それがトータルのまちづくり，地域づくりに生かされていない．どうしても，行政中心の地域づくり，まちづくりになってしまっている．各地で市民協働，市民参画が合言葉のように語られ，地域の政策も住民流，市民流に行うとしながらも，実際には行政主導のものとなるということが多い．そういう実感の下で，真のコミュニティレベルの地域政策についての本をまとめることにした．

　わが国における住民・市民の活動は，社会的・政治的な活動として認識され位置づけられていても，直接的な社会変革をもたらす地域政策の枠組みにおける主題として取り上げられることはほとんどなかった．住民・市民の活動は社会的表現の一種であるとか，政治行政をコントロールする行動だと認識されても，それ自身が政策主体であり，行政や企業とは異なった政策手段を展開するものとみなされることは少なかった．つまり，これまでの地域政策に関する研究や論議においては，市民活動は政策の発動を要請する需要や効果の測定対象としてのものか，もしくは行政主導の政策形成を基本として，その市民参加システムに取り込まれたものとして認識されていたといっても過言ではない．

　その結果，最近では市民参加とともに，市民と自治体行政の協働が各地で提起され実施されているにもかかわらず，市民サイドにおいて市民性を踏ま

えた独自の政策内容が形成されず，市民主体の地域環境や市民活動を軸とした行政サービスの内実が構築されていないといえよう．市民政策の必要性が声高に唱えられている割には，その内容が具体的に発展的なものにならず，空疎だというのが現実である．

下からの事実の積み上げの重要性

地方分権改革の動きが全国的規模で進められている．この改革はわが国の社会では戦後から長い旅路を続けているものである．改革は中央から地方へ，官から民への権限および機能の移転が目標とされてきた．国家的なレベルによる中央と地方の税財政改革（三位一体改革），行政サービスの市場化テスト，そして各地の地域特性を踏まえて，法規制や全国的取り扱いの例外の構造改革特区等が各地で行われてきた．

これまでのわが国の地域政策は，近代化志向，経済成長志向を基調とするものであって，中央政府がリーダーシップをとる公共投資中心によるものであった．地域政策と公共投資のタッグ．これこそがわが国をまさに，土木国家といわしめるものであった．この国家イメージを基礎として，国家的行財政体制が整備され，この体制による経済的刺激や景気浮揚策によって産業の育成も行われてきた．その点では，地域政策は，もともと国家的，経済的色彩の強いものであった．

ところが，70年代の後半になってようやく地域政策に地域志向，市民志向が含められる．オイルショック等の経済面，エネルギー面の大変動が社会のバックグラウンドで起こっていたのだが，80年代は地域主義を基礎とした様々な社会的実験が行われた．それが90年代になって地方分権推進の制度改革に結びついた．このうねりは，それまでの制度改革とは違って，多様な地域社会の活動や市民活動を伴うものであった．

もっとも，この改革は学識者が先導する国家的なレベルより進められ，中央政府と地方政府の関係構造を変えることの努力が傾注された．そこでは，国の官から地方の官への権限や機能の移転の見取り図はつくられたが，それ

にとどまっており，依然として地方を担う地域の市民の役割は抽象的なものとなっている．

　この上からの配分の論理による改革は，わが国においてはこの100年余にわたって行われ続けてきたことであって，このままでは市民の生活やニーズとは異なる次元のものになりかねない．今日のわが国の社会は，住民生活中心の多様な社会である．都市化社会，都市型社会を超えて，現代は都市と農村をうまく使いこなす選択的居住の時代に入っている．このような住民・市民が環境に主体に向きあう社会なのだから，これまでの上からの改革では，市民の生活を重視する地域政策の体制やシステムの形成はおぼつかない．

市民と地域にこだわる

　そこで本書では，市民と彼らの生活する地域にこだわるということを出発点とした．市民と地域の関係は近隣社会であり，そこでの自治イメージとその展開のあり方を重視することとした．つまり，市民活動とそれを含む近隣自治を起点とした市民的地域政策の考え方，そして，そのしくみの構築が必要だという認識から出発した．

　そこでは，これまでの上からの配分の論理による地域政策の形成の限界が認識され，下からの交換の論理による政策が実施されるべきものだと位置づけた．その積み上げ過程によって，初めて住民自治による地域政策が形成されていくものと考えたい．また，地域政策が官のものではなく市民のものとなるためには，生活現場に近い位置に政策形成につながる支援機構がつくり出され，生活現場に連動した政策生産が行われることが求められるものと位置づけたのである．

　自治体はこの支援機構を含む地域総体のしくみであって，その部分システムとしての自治体行政は，地方政府，市民政府としての機能を担うことになる．

本書の概要

　序章において，本書の主題のコミュニティ支援について述べた．ついで，第1章において，近隣社会における組織の解体と再生の動向とともに，市民およびコミュニティに関する政策推進の論点を整理した．そこでは，これまで近隣社会や市民グループと自治のシステムが分断され，狭い領域の市民自治が展開されていることを示した．具体的な公共的サービスや身近な施設整備に，市民や市民組織等がかかわるようになって，多くの識者が市民的公共圏の形成を見出し始めたことを確認している．

　第2章において，市民主体のコミュニティ活動の歴史的展開の軌跡を追った．そこでは社会福祉の歴史的分析の業績を追うことで，市民活動と近隣自治の重要性を確認したのである．

　第3章では，大都市部，地方都市部，過疎山村地域の3つの地域事例を取り出して，そこでの市民活動と自治体等の政策支援の動きを明らかにした．大都市部にあっては，三鷹市の取り組みを検討した．そこでは，コミュニティ政策と計画への市民参加の実績を踏まえた下からの地域政策形成の動向を確認した．次いで，地方都市部における事例としては，栃木県宇都宮市をとりあげた．この都市では，市民と行政の関係についての構造を従来のままとしながら，地域政策の考え方や政策そのものを変更する方法がとられた．つまり，施政方策等の都市像に市民都市を掲げ，市民と行政の協働を主要な方策としているものである．だが，同時にそのような小手先の対応だけではうまくいかないという実態が明らかになる一方で，地区行政の現場において下からの地域政策の芽生えを確認できた．そして，3つ目の地域事例として過疎山村地域，具体的には，山梨県早川町をとりあげた．南アルプスの中山間地域の小さな町において，行政と市民，居住市民と来訪市民の中間に位置づけられる市民的地域組織としてのコミュニティ・シンクタンクが下からの地域政策形成に寄与し始めている実態を見出すことができた．

　そして，第4章では，本書の主張の中心部分となる生活重視の市民的地域政策を論じた．そこでは，市民自身による政策思考が重要であり，生活現場

重視の志向とともに，公的システムの市民化，地域化の動向を踏まえて，その論拠と対応上の特質を提起している．その原理としては，多様な運動型アソシエーションの形成と展開にあるとしたのである．

　下からの交換の論理による地域政策としての市民的地域政策を主題とする際に，その形成の支援機能がテーマとなる．第5章では，市民的地域政策の形成・推進の機能としてコミュニティ支援機能を検討した．あらためて支援機能の意義と役割，そしてコミュニティ支援のあり方を確認して，近年，府県や都市部において着手されはじめている市民活動支援のしくみとその運用上の課題を明らかにし，全国的なNPO支援組織の動向とともに主要な事例を検討した．その成果をコミュニティ支援の教訓と期待としてまとめている．そのポイントはこの支援機構は自治体行政とはっきりと分離していること，プロセスを重視すべきこと，実験的対応を基本とすること，市民的専門性を重視すること，地区等住民に身近なエリアの設置可能性等であった．

　終章は本書の総括であって，下からの地域政策形成の構造として市民と自治体の新たな関係の形成とともに，自治体行政としての発展可能性について言及した．

序章

課題としてのコミュニティ支援

1. 市民的地域政策の起点

(1) 生活重視の要請と近隣社会への期待
①官＝正義の虚構の形成

　現代社会では，住民・市民の活動とともに，近隣の活動が注目されている．実務レベルにおける地方分権改革推進の下で，生活現場において形成されつつあるコミュニティを基礎とした住民自治のしくみが模索されているからである．戦後民主主義が標榜されて，実に60余年の歳月を経た今の時代において，ようやく実質的な市民主体の地域政策を論議するステージを迎えているとみたい．

　これまでの地域づくりは，官の地域政策，官の都市づくりであった[1]ことは否定しようがない．地域社会に係わる経済的利益に偏重し，しかも物的施設中心のものとしての広域的視点等による地域政策が中核的なものであって，それをリードしたのは，まさに「官（かん）」＝行政であった．その際に，官中心という姿勢を貫くなかで，住民・市民の生活現場は非効率にすぎるものとみえていた．そのために，住民・市民による地域づくりに係わる範囲を小さくすることが一般的なものとして行われた．そのために，行政依存，行政的解決によって地域づくりが進められた．そこでは，住民・市民を要求（wants）や需要（needs）としてのみ位置づけ，彼らを公共性の創造者としてはもとより，サービスの提供者としての役割さえも認めようとしなかった．

そのような状況の下では，住民・市民の組織は，事務事業の効率性だけではなく，その決定および運営の公平性すら乱す存在であって，近隣関係から生まれる住民・市民の地域組織の介在を，政策の形成および実現の過程において，努めて排除しようとした．だから，官＝正義だという虚構の下に，市民活動の蓄積や地域文化の持続的継承等により維持される生活文化の水脈が軽視された．それよりも，国家的な次元により形成すべき社会的インフラや事業実施における経済的効率性が重視され，結果として，貧しい都市環境や地域社会に住民・市民が取り残されることとなった．

②市民活動の足取り

今日の都市型社会[2]にあって，生きる場を豊かにしようとする取り組みは，すぐれて都市の「民」のものである．それがテーマによって結集するものか，地縁関係による扶け合いによるものかはともかくとして，コミュニティの合理性を地域づくりに取り込むことが志向された．その文脈やストーリーから市民の参加と協働，市民と行政のパートナーシップのあり方が課題となる．地方分権，国と地方の関係，権限・財源の移譲等についての制度改正論議が同じ時期に進められ，全国各地で噴出した改革エネルギーが，小さな地域においての実験の中で息づいている．住民・市民にとっての身近な生活現場において，これまでの制度枠組みを超えた新しい試みの社会実験・実証実験が盛んに行われるようになった[3]のである．

このように，市民主体の地域政策の考え方や政策の萌芽は存在するものの，多くは行政中心の垂直的・水平的政策移転[4]によるものである．実際に，自立的市民活動のエネルギーによる，市民の想いのこもった特定コミュニティのオリジナルで自生的形成によるものは少ない．依然として，官主導の地域政策が多いのは否定できない．もっとも，それらは外形上の政策形成プロセスにおいて公式（フォーマル）の市民参加装置が設定されており，政策のアウトプットと政策形成プロセスにおける外観は生活重視を標ぼうされたものなのだから，一見すると，民主的な様相を備えている．そのために，抽象的

観念的な次元での生活イメージを先取りされたものが多く，皮肉なことに状況の多様性に対応する政策が画一的なものになりがちだというのが現実である．結果として，各地で市民政策が作成・実施されることで，市民自治のエネルギーは高まるどころか，かえってそのエネルギーが失われるという状況さえもたらされている．つまり，行政主導としての「官の都市」における市民主体の地域政策は，市民自治を進展させるどころか，かえって空洞化を招くことになりかねない．

③かなめとしての市民組織

さて，本書の主題は市民的地域政策とそれを支えるコミュニティ支援である．この政策を実現させるためには，住民の生活現場としてのコミュニティとそこにかかわる多様な市民的組織が必要であって，この市民的政策特性といってもよいシーンとアクターが必要となる．このシーンの存在が認識され，アクターが登場する環境条件としては，現在の行政システムの脱官僚化と市民活動の推進が期待される．幸い，わが国における近年の市民活動は，急速に多くのジャンルに広がりをみせ，活発化しており，世代を超えて多元的なコミュニティと多様な生活実験・提案が行われてきた．

この動向を一時的なブームに終わらせないためには，市民活動，市民自治の生活世界にアプローチし，ゆるぎない理論的整理が必要である．つまり，市民が発想し，市民特有の政策思考を展開し，それを現実の世界に具体的に実行させていく手段の開発，そしてそのしくみの洗練化が求められているとみたい．

ここでは，住民・市民に身近な近隣社会と市民特有のネットワークを踏まえながら，市民的政策の特質を明らかにし，それらを実際の社会において具体化するための支援のしくみを検討することになる．この支援のしくみの形成によって，中央依存ではなく，住民・市民によるコミュニティベースの自主的地域政策形成が大きく拓かれていくであろう．

(2) 市民的地域政策への6つの源流

①基礎としてのコミュニティ

ここでの検討の対象とする論議は，コミュニティの分野に関するものである．1960年代以降の市民および地域政策をめぐる現象から運動，制度にわたるまで，多くの研究者，実務者等によって調査研究が重ねられてきた．ところがそれらの多くは，急速な社会変化に追いつこうとする各地の対応の紹介とともに，政府・自治体の施策への評価・分析にとどまっていた．

そのようななかでの蓄積としてのコミュニティ研究，町内会・自治会論，まちづくり研究，市民活動研究，ボランタリー・アソシエーションの研究，市民的政策思考論に注目したい．そして，これらは現代社会の現象として個別に認識されるものではなく，地域政策のすじ立てにおいて，再配置されるべきものであると考えたい．つまり，これらの6つの議論は後述する市民的地域政策を支える考え方の源流として位置づける．

源流の第1はコミュニティ論である．わが国おけるコミュニティ研究は1970年代に一種のブームの様相をみせた．大都市郊外地域および地方都市におけるコミュニティ研究は，実態調査を含めて，多くの研究成果がまとめられた．奥田道大，倉沢進，鈴木広等の社会学者の研究成果がそこでの著名なものである．たとえば，奥田道大は1970年代において，奥田モデルといわれるコミュニティ・モデル[5]を提示し，つづく80年代にあっては福祉コミュニティ論，ゆるやかなコミュニティ組織の全体像を示している[6]．奥田はその後も一貫して都市コミュニティの実像を追いかけている．最近では，多文化都市，電子メディアや電子政府につながる電子コミュニティや生活課題の地域化，市民化の動向からのコミュニティ対応の重要性が語られるようになっている．本論はこれらの蓄積の上に展開しており，ここで基本としている人と地域の関係のあり方に関する論述は，先駆的なコミュニティ研究の成果を受けたものとなっている．

②町内会・自治会

　源流の第2は町内会・自治会の研究である．地縁的コミュニティの代表格のこのテーマは地域社会をめぐる政治学，行政学，社会学の主要な研究テーマであって，文献も多い[7]．戦後以降，主として地域の近代化民主化を進める角度から，その市民生活を支える機能に懐疑をもつ立場からの言説が多かったが，その一方で，町内を日本社会における文化的機能の1つだと位置づけて，その意義・役割を認める考え方が登場し，90年代になって後述する市民活動やボランティアの高まり等をきっかけに町内会・自治会見直し論も出されるようになっている．

　町内会研究においては，高木鉦作による町内会の実態研究[8]の意義は大きい．この研究は1940年代の戦時中から戦後の町内会，部落会の廃止，さらに政令15号の廃止後における町内会の整備活用等を扱った市区町村の行政機関側における対応の実態研究である．この研究の検討を通して，本書の第1章で記述している近隣社会における組織の解体と再生のヒントを得ることができた．

③市民の政策の地平を拓いたまちづくり

　源流の第3はまちづくりの研究である．60年代後半以降の地域の実践を基礎にした総合的な自治体政策研究[9]として，まちづくりの研究が進められており，それらは市民主体の地域政策の可能性を提起してきた．

　とくに，70年代に(財)日本地域開発センターに設けられた地域社会研究会の活動は，その機関誌『地域開発』等を通して，80年代までのまちづくり研究の軸となった．また，「まちづくり」を「街づくり」に示されていたようなハードウエア中心の認識から地域社会のエネルギーを高めていくソフトな手法の認識へと変えさせたのは，この活動におけるまちづくり研究の成果であるともいえよう．本論は，このまちづくり研究によって拓かれた論点や課題認識によるところが多い．

④市民活動

源流の第4は市民活動のうねりに関する研究である．80年代から急速に高まりを見せたものに，市民の自発的活動，ボランティア活動等をベースにした市民公益のあり方に関する研究がある．95年に起こった阪神淡路大震災の復興過程における市民活動は，その社会的有効性を見せつけたが，それ以前に住民主体の市民活動の検討は高まっていた[10]．その成果の一端は特定非営利法人制度の創設に結びつき，今日でも市民活動の推進と，そのサポート機能の研究が進められている．

本書では，第2章に記述している市民主体のコミュニティ活動に関する歴史的動向の歴史認識において，社会福祉の歴史とともに，市民公益論を踏まえた．また，市民活動の動向は，本章の2および第5章に提起しているコミュニティ支援の基本的考え方の基礎として位置づけている．

⑤ボランタリー・アソシエーション

源流の第5はボランタリー・アソシエーションの研究[11]である．この研究は市民社会論・行為論を背景に，活発化してきた市民及び市民活動の生活世界の行動原理を解明してきた．この成果は本書第4章の生活重視の市民的地域政策の検討の基礎としている．このボランタリー・アソシエーションの考え方が，行政中心の政策の性質や展開プロセスとは大きく異なる市民的地域政策の考え方，そしてそれをバックアップするコミュニティ支援の構造化の基本となった．

⑥市民的政策思考

そして，源流の第6は市民的政策思考論の存在である[12]．松下圭一はすでに80年代に市民的政策思考の枠組みを示していた．この政策思考の枠組みは，それまでの公共的政策論にみられる行政サイドからではなく，社会変革の行動等を通じてもたらす市民サイドからの地域政策の有効性を論じたものであった．

行政の政策が，サイエンス思考による文書主義の政策思考によって推進されるのに対して，ここでの市民の政策は運動型のポリティクス思考を基礎としている．そして，市民の主体特性を踏まえた政策の「かたち」，その形成および展開に関する思考特性の意義を明示したのである．この市民的政策思考を今日的な市民自治の状況において具体化しようとするものであって，この研究成果は最も重要な源流の1つである．

本書はこれらの源流の知見をもとに進めていくものであって，コミュニティ，町内会・自治会，まちづくり，市民活動，ボランタリー・アソシエーション，市民的政策思考にみられる研究成果を近年の実態の流れに即して編みこんでいったのである．別の言い方をすれば，市民の生活を起点とする地域政策の論拠を，いわば社会学的アプローチと行政学的アプローチの統合を志向するなかで取りまとめ，今日的社会における近隣自治のあり方とともに，その支援機能の方向づけをしようとするものである．

(3) 政策展開のフィールド

①生活現場が基本

このようなスタンスにおいて地域政策をとらえようとすると，検討すべきフィールドは地域社会そのものであり，住民・市民の生活現場ということになる．日常生活において，そこに暮らす人々が，そこでの社会的課題をどのようにこなすかということから始まる．その点では，近隣社会，コミュニティが必要不可欠なフィールドである．つまり，生活現場には居住，環境，健康，介護，防災防犯，消費，コミュニティビジネス，地域文化等の課題がいわば混然としてあって，住民・市民はそこでの折り合いをつけながら生きている．このことが市民的地域政策展開の基本だといってもいい．

もとより，公的な政策主体が動かなければ対応できない課題があるということはいうまでもない．だが，公的な政策主体が動くこと以上に大切なことは地域社会の人々の行動である．個々の人々生活現場において，その問題点，課題を明確にして，やれることをやるという社会状況．日常生活での回りの

人々が一定方向に進む社会づくりということになる．住民が地域づくり，地域政策の主役なのだ．

②非行政・非営利の行動スタイル
　市民的地域政策は，行政中心の地域政策が進めてきた規制，給付，事業実施によるものは中心的なものではない．客観的に決められ，公的制度と人材によって運用される政策の動きとは別ものである．これらは決められた時間帯に決められた様式をもって行われ，できるだけ同じ対応を求められる．そうでなければ，その行為の公正さが問われてしまう．ここでの市民的地域政策においては，それとは逆の民間非営利の行動スタイルを求められる．
　その行動スタイルは，近隣の地域社会の人間関係を基礎とするものである．そこでは，行政主体のような制度に基づくものではないし，一般の経済団体のように利潤志向のものではない．非行政・非営利の行動スタイルということになる．別のいい方をすれば，地域社会において近隣関係を維持しながら生きるといく行動スタイルということになる．従来は，この行動スタイルを否定し，克服すべきものだと考えられることがあった．だが，市民的地域政策のフィールドでは，それが例外ではなく，実は基本なのだという認識で進められることになる．

③自発的ネットワーク
　3つ目は市民の自発的ネットワークである．人は仲間をつくる動物である．社会の問題に向き合うだけでなく，喜び楽しむ場合にも，仲間をつくるのが人間である．市民的地域政策のフィールドには，その人としての自然な状態を大切にすることが含まれている．それが住民・市民の生活世界において生じることをここでの市民の自発的ネットワークであるとしたい．活動が盛り上がって，ネットワークが強化される一方で，特段の理由もないのに，メンバーがいなくなり，解散に追い込まれることも起きる．できるだけ，そんなことが起きないようにメンバーやネットワークの外にあるしくみが配慮する

ことが求められることになろう．

2. コミュニティ支援の文脈

(1) コミュニティ支援の要素
①コミュニティ支援の定義

　コミュニティ支援という用語はこれまでほとんど使われていない．コミュニティと支援のキーワードはこれまでつないだ形で議論されてこなかった．それを合成して1つの用語して使う場合には，住民・市民を支援する市民施設の呼称として使われるかもしれない．最近の動向からみて，その可能性を否定しない．これまで私はそのような施設の名称を目にしたことがない．ここでのコミュニティ支援は，市民的地域政策推進のための重要な要素であって，市民主体の政策形成のキーワードとして取り上げる．

　地域政策を検討する際に，これまでのほとんどの議論は公的政策を基軸とした一元的な整理にとどまっていた．もっとも，政策科学においても，住民，市民が政策に係ることは認められ，市民領域の政策として議論の対象にされてきた．公的政策だけが政策ではなく，市民活動等によって突き動かせる政策の存在は認められている．だが，それがどのような特性をもち，公的な政策とはどのような点が違うのかということについては，ほとんど議論されてこなかったように思われる．別のいい方をすれば，住民・市民サイドに立ってのその特性を重視した政策論はほとんど展開されなかったのである．行政学の官僚システムの知見を基礎にした理論的枠組みによって，住民，市民特有の政策論議が展開されたために，住民，市民の論理や活動特性は政策の世界に登場しにくかったといえよう．

(2) アソシエーションによる支援
①運動型アソシエーション

　本書では，ボランタリー・アソシエーションにおける運動型アソシエーシ

ョン[13]の形態としくみを検証する．その上で，それらを官僚システムを基礎とした官主導の政策体制に対置させて，行政機構のアウトプットとは異なったもう1つの政策としての市民的地域政策の形成・推進の基本的考え方をまとめることとする．

そこでの運動型アソシエーションの要素は，生活現場としての生活シーンを基礎においた市民の自発的行為が起点となる．このことが市民的地域政策の形成展開，そして豊かなコミュニティにつながる中間機能を形成するものと認識したい．なお，経済学においても90年代から「自由意志的基礎に立つ非国家的で非経済的な結合」やアソシエーション論を基礎に現代市民社会論等が提起されている．

歴史的には，これまでの慈善活動，町内生活，住民運動，市民会議，ネットワーキング，まちづくり等のしくみについての系譜をさぐる．その上で現代社会における市民活動を行う主体としての市民を確認し，行動する市民像を基礎とした運動型アソシエーションの実相をつきとめたい．60年代の革新自治体による市民参加システム等，70年代以降の離島・過疎地から始まったまちづくりは，その基礎に人間の生活現場の再発見と再生を目指していたことを踏まえたい[14]．このような理論的歴史的整理を通して，わが国における生活現場を起点とする取り組みの系統的把握を行う．

②自発的支援型の展開

ところで，市民活動，市民組織が高まる状況にあって，市民的地域政策のしくみには大きく分けて，行政管理型のものと自発的支援型の2つが提起されているように思われる．この2つは背景や現象面において大きな差異はない．しかも，ともに生活現場を起点としている．しかし，前者は行政主導であり，できるだけ市民活動領域での課題はそこでのしくみを通じて解決すべきだとして，組織化の手立てが打たれるのである．これに対して，後者は住民・市民主導であって，その生活世界や帰属するコミュニティとの絶えざる確認が行われるものである．ここでの議論の対象としたいのは後者である．

この2つのコミュニティ支援機能を今後どう位置づけるのか，どんな機能集団として発展させていくのかを整理する必要がある．

(3) コミュニティ支援の市民的地域政策
①政策のアクセスルートと市民的専門性

また，コミュニティ政策の推進装置としてのサポートセンター，コミュニティ・シンクタンク，コミュニティ・ビジネスのサポートシステムの検討を行う．このコミュニティ支援のしくみを考える際に検討すべきは，生活現場の市民性を保障するアマチュアリズムのアクセスルートの形成と市民的専門性の明確化である．そこには，一定のルールが存在するが，最も重要なのはメンバーシップ，活動を通しての共鳴・共感，そして成功体験といった人間的な要素である．

②政策主体の受皿としての中間機能集団

ところで，機能的集団は，地域的コミュニティと市民活動的コミュニティに分けられる[15]．前者の地域型コミュニティは，一定の近隣関係から成り立つ町内社会を基盤として，住民の生活に係わる防災・防犯，相互扶助を専らの任務としてきた．地域集団としての町内社会の歴史は古いが，それを基礎とする町内会・自治会は戦時下で翼賛体制として制度化されることで衰退し，戦後の占領下において地縁的住民の連携，相互扶助の機能が市町村行政に取り込まれることで解体させられた．後述しているように，占領体制解除の後に町内会・自治会は急速に復活したといわれるが，その後の官の地域政策推進の中での地域組織としての出発であった．ここでの町内会・自治会は，名称はそれまでと同じであっても，実態としての町内社会とのつながりの希薄な地域組織であった．

市町村における昭和の大合併とその後の行政の近代化は，地域機能も行政に取り込むことであって，急速な都市化と生活変化や地域環境に大変動を加える民間，行政のプロジェクトに対しても反対するエネルギーに高めきれな

い地域組織がそこでの町内会・自治会であった（大都市郊外部での町内会・自治会が活発であったのは，この地域の地域組織は解体以降に成立したからではないかと思われる）．後者の市民活動型は，住民のニーズやエネルギーを吸収し，代弁できない町内会・自治会，市町村行政の存在が，その発生のきっかけの1つとなった．だから，当初は抵抗し要求する反対運動の形態さえもみせていた．

③ネットワーク組織と近隣社会がキーワード

本来，近隣の社会はそこに参加する人々の自由な意志が基礎にあるために，間欠的であり，コミュニティとしての集団性，機能性は確認されにくいものであった．だが，現代の近隣の社会はコミュニケーションのチャンネルが拡大するなかで，テーマを軸とするネットワーク組織として形成されてきた．近隣の社会にプラスイメージを提起して，そこで2つの問題提起・処理システムが形成されたというストーリーで第1章，第2章，第3章を貫く．その上で，市民的地域政策の特質を明らかにする．そこでの市民活動を支えるロジックはボランタリー・アソシエーションであって，それを基礎に中間機能を考えたい．さらに，この考え方をより明確にすることを目指して，先進地域において実験を重ねているコミュニティ支援機能の構図を検討する．

本書はこれまでの上からの中央のイニシアティブではなく，住民・市民と近隣の社会から草の根のものとして自生し続ける政策機構に関する研究を進めようとしたものである．

注
1) 本間義人『官の都市・民の都市―日本的都市・住宅事情の展開と状況―』日本経済評論社，1986年，3-27頁は都市計画を素材に中央集権的な官治政策の問題点を指摘し，自治体と住民による自主的な取り組みの意義を論じているが，本章はここでの民の都市具体化のための一方策を検討しようとするものである．
2) ここでの都市型社会（Urbanized Society）とは，外部的環境変動に追い回される社会イメージの都市化社会（Urbanizing Society）とは違って，それを構成

するメンバー（住民，市民グループ）が中心となって近隣社会，都市社会の経済や文化の成熟を志向する社会イメージを指している．
3) 住民・市民による自発的な活動によるテーマの設定は，多くは彼ら自身の日常的な生活から生じたアイデアであり，それを実践しようとする意欲に満ちたものである．それらは既定の法令・条例・規則，慣行的なルールを根拠にするものではなく，生活現場における実験として行われるようなことがしばしばである．2003年4月以降行われている規制緩和の特区による地域独自の実験的な試みは自治体行政のみのものではなく，個々の実験地域の生活実態に支えられているのである．
4) ここでの垂直的関係というのは関係省庁―都道府県―市区町村の政策作成に関する関係を指し，水平的関係というのは類似市区町村や県内市町村等においていわばヨコの関係をさしているが，ともに行政関係である．
5) 奥田道大『都市コミュニティの理論』（現代社会学叢書）東京大学出版会，1983年．
6) 奥田道大「コミュニティ施策の新展開・序論―東京都Ｉ区の事例を中心として」『地域開発』（特集・都市型コミュニティ施策の新展開）（1988年7月）1-13頁参照．
7) 戦後以降70年代までの町内会動向を整理したものとして，吉原直樹『地域社会と地域住民組織』八千代出版，1980年がある．また，岩崎信彦ほか編著『町内会の研究』御茶の水書房，1989年や倉沢進・秋元律郎編著『町内会と地域集団』（都市社会学研究叢書②）ミネルヴァ書房，1990年は町内会を様々な観点から整理している．なお，高木鉦作『資料町内会廃止と『新生活共同体の結成』（一）」『國學院法学』第24巻第3号，1986年12月～「同（二二）」第31巻第4号，1994年3月は戦後以降の町内会の廃止から復活の動向とその過程における東京23区や大都市（政令指定都市）の実際の取り組みを丹念に整理しており，現在でも第一級の資料である．さらに，環境問題等を地域サイドに立って役割を果たしていることを評価し，生活単位としての社会参加のしくみとして前向きにとらえているものとして，鳥越皓之『地域自治会の研究―部落会・町内会・自治会の展開過程―』ミネルヴァ書房，1994年がある．
8) 高木鉦作，前掲論文，『國學院法学』第31巻第4号．
9) 70年代に入って，まちづくりの活動と研究が高まる．それをリードしたのは（財）日本地域開発センターの調査研究組織として設けられた「地域社会研究会（代表・奥田道大立教大学教授）」であった．この組織は地域主義を基礎として北海道池田町，埼玉県の秩父地域，東京都町田市，大分県湯布院町等のまちづくりに主体的にかかわり，地域自立のあり方を具体的な地域において示す活動を行っていた．その成果としては，（財）日本地域開発センター編『コミュニティ形成運動の現代的意義と役割』総合研究開発機構，1976年11月があげられる．また，ジュリスト増刊総合特集「全国まちづくり集覧」有斐閣，1977年12月もその実

践的調査研究活動を反映させたものであるが，その序章の座談会においての奥田と森戸のまちづくりに関する認識と情報の質が他の参加者を圧倒している．このようなまちづくりの広がりは理論よりも現場の強さを見せつけた．この地域社会研究会の活動は日本地域開発センターの月刊誌の『地域開発』に逐次掲載され，着実に広がっていった．その後，田村明『まちづくりの発想』岩波新書，1987年，本間義人『まちづくりの思想：土木社会から市民社会へ』有斐閣，1994年，田村明『まちづくりの実践』岩波新書，1999年がある．また，岡崎昌之『地域経営』放送大学教育振興会，1995年の記述もこのまちづくり研究の成果として注目される．

10) 80年代後半にはフィランソロピー，メセナの検討等も高まっていたが，奈良まちづくりセンター「市民公益活動基盤整備に関する調査研究」総合研究開発機構，1994年3月が市民活動の位置づけ等を行った．その後は，日本NPOセンターを軸にしながら全国各地において市民活動の実践とその支援活動が進められている．

11) わが国におけるボランタリー・アソシエーションの分析等は越智昇（たとえば，越智昇「都市における自発的市民運動」『社会学評論』147号，1986年）や佐藤慶幸「ヴォランタリズムとアソシエーション」安田三郎編『基礎社会学第III巻：社会集団論─研究編』東洋経済新報社，1981年等により行われてきた．福祉国家から福祉社会への転換過程において，ボランタリー・アソシエーションは関係主体の多元化の裏づけの1つとなっていった．なお，ボランタリー・アソシエーションの考え方については，第4章において検討している．また，70年代後半には福祉国家の自発的組織（Voluntary Agency）が注目されており，オランダ，英国，米国，イスラエルの4カ国におけるその動向とともに，自発的組織の組織的構造，それが展開する政治行政のシステム，活動財源，活用できる政府資金等が紹介された．これについてはKramer, Ralph M., *Voluntary Agencies in the Welfare State*, University of California Press, 1981を参照．

12) 松下圭一「日本の政策課題と政策構成」日本政治学会編『政策科学と政治学』（年報政治学1983年）岩波書店，1984年，194頁以下参照．

13) ここでのボランタリー・アソシエーションのとらえ方は佐藤慶幸『アソシエーションの社会学─行為論の展開─（新装版）』早稲田大学出版部，1994年，121頁以下，同『NPOと市民社会─アソシエーション論の可能性』有斐閣，2002年，143-160頁に負っている．

14) この点についての問題関心は奥田道大『都市と地域の文脈を求めて：21世紀システムとしての都市社会学』有信堂，1993年の「IV章住民の自己組織力」に触発された．

15) この2つのタイプとともに，親族，友人，同僚等のつながりに着目したパーソナルネットワークを並列させる見方もある（森岡清志『都市社会の人間関係』放送大学教育振興会，2000年，31頁以下）．

第1章

近隣社会における組織の解体と再生

1. 枠組みとしての「近隣」

(1) 近隣のとらえ方
①市民活動と近隣

　市民の社会的公共的活動は，テーマに基づく集まりと地縁的な関係を問わず，注目されている．1995年1月に発生した阪神淡路大震災後の様々な支援活動におけるボランティア，市民の自主的ネットワーク，地縁的結束は，わが国の市民活動がすでに社会的機能として成立していることを見せつけた．その後も各地の市民の活動は注目され，災害，事故等の突発的な出来事への対応や近隣関係等において，着実に実績をあげている．

　それ以前にも，地域福祉，地球環境，国際交流等の生活領域や地域社会を基礎とする分野において，市民活動や地域社会の機能が注目されていた．それでも，震災直後にあって突然の既成政治行政システム崩壊とでもいってよい社会状況において，市民活動に支えられた地域社会の自立的機能にスイッチが入ったといえる．つまり，被災地の近隣において，被災者の応急的救済等に有効な機能を展開したのである．この10年余の経験を通じて，市民のヨコのつながりによる諸活動や近隣関係は社会的信頼を獲得し，必需的社会的ネットワークとして認知されることになった．

　市民をヨコにつなぐ市民活動と地域社会は，一般的に別個のものとして，扱われている．実際の活動現場にあっては，この両者は重なっている部分が

多いのだが，活動の主体，スタイル，そのバックグラウンドが違うということもあって，この相違については一般的にも了解されているように思われる．ここでは，その峻別についてはしばらく議論の外におくこととし，「近隣」という枠組みで論述していくことにする．

②近隣の関係の位置づけ

ところで，都市においても村落においても，近隣の関係は日常生活のなかでできるだけ希薄なものがよく，強い近隣関係はむしろ封建的なものとして，弱くしてしまいたいとの風潮があった．とくに戦後の一時期の家族や近隣関係はそのように扱われた．だが，最近では近隣の関係や社会のあり方に関心がもたれ，社会の中で近隣の関係や社会をどのように育んでいけばよいのかが，論議されている．

その背景としては，マクロ的には社会の成熟化等によって，人々の生活が多様化し，課題対応の主体も多元化していることがあげられる．この動きは小規模で多様な人間関係の形成を促すが，それにとどまらず，身近な地域的枠組みへの関心も増幅させる．実際に，「近隣」で表現される関係としての介護，防災，防犯等の社会的セーフティネットの必要性が高まる中で，いわゆる近隣自治・近隣政府の可能性まで論議されるようになっている[1]．

(2) 近隣をとらえる視点

①身近な拠点の独自性

ここでは，広い意味での相互扶助のしくみの延長線上に，近隣の関係や社会のあり方を考えるものとしている．原始的共同体の時代から現代社会の身近な生活に係る相互関係や扶助を通観すれば，いうまでもなく，そこには大きな差異がある．それでも，家族から様々な人間関係によって形成されたネットワーク，地域社会における支え合うしくみとしては，本質的な違いはないものとみたい．生活秩序の保持，災害や犯罪からの守り，学習活動，健康維持，共食等のしくみの構築等により，形成された近隣の関係や社会は，上

からの啓発等の過度の政策上の介入，情報システムの制度化，社会のグローバル化等によって変容されてきた．だが，近隣の関係は常に人々の身近な拠点として，様々な形態をとりながら存在していたという仮説をおくことにする．

②解体から再生へ
　本章では，かつての近隣関係を形成・維持する近隣社会システムの解体過程とそのボトムを確認しつつ，近年の近隣の関係や社会の再生過程やそのポイントについて言及する．
　また，その再生のエンジンとして機能しているしくみを検討する．再生エンジンは一種の社会的組織論に求めることとなるが，本章ではそれをボランタリー・アソシエーションに依拠することとしたい．そのなかでも，運動型アソシエーションといわれる市民的組織・活動の考え方を援用し，これからの近隣関係のあり方を「新しい近隣」として述べることとする．

2.　近隣の関係と社会の課題

(1)　近隣と近隣関係のネットワーク
①近隣の意義
　さて，近隣について考えてみよう．一般に「近隣」は身近な地域，近所，近辺という意味で使われてきた．社会学の分野では，「近隣」は家族と同じ第一次的接触の人間関係だと位置づけられており，家族の単位が2人や単身の世帯のように小さなものになっていく中で，近隣関係としての地域社会や社会的ネットワークはその位置や役割等に関する論議が進められている[2]．もっとも，都市と農村，近隣住区等の概念を取り込んで計画的に開発された地域とスプロール現象を伴いながら事実上開発の進められた地域で，それぞれ頼られる近隣や近隣関係の様相や内実は随分違うものだということは当然のことである．

さて，近隣の近い「隣(となり)」という表現に着目すれば，個人よりも「家(いえ)」や世帯の単位の存在を前提にしたうえで，それぞれの周辺との関係を指すものであった．かつて社会学者の鈴木栄太郎は，都市の社会集団を世帯，職域，学校，生活拡充集団，地区集団に分類し，近隣はこのうちの地区集団に含まれるものとして論じた[3]．なお，ここでの近隣は行政近隣と自然近隣とに区分され，「保制度」「五人組制度」「隣保制度」，戦時中の「町内会」は行政近隣に分類され，自然近隣としては，地域の祭祀組織が挙げられている[4]．

②インフォーマルな近隣

80年代になって，家族・世帯単位で成立している町内会・自治会とともに，日常生活の拠点において個人単位で形成される「自然発生的でボランタリーに成立する〈インフォーマルな近隣〉」[5]の存在を主張する見方が現れている．つまり，日常生活の拠点には，基本的な住民組織としての自治会（ここではフォーマルと表現されているが，前述の鈴木栄太郎の行政近隣に近いイメージだと思われる）と，このインフォーマルな近隣（同じく，鈴木栄太郎のいう自然近隣に近いイメージだと思われる）があり，前者は家族・世帯単位によるもので，後者は個人単位によるものだといわれている．一般に，地域において家族・世帯に係るネットワークと個人の行動によるネットワークが重層して存在しているというわけである．

③近隣ネットワーク

また，核家族化の進行等（同時に，旧来の親族のネットワークに依存できなくなる社会動向や生活スタイルの形成の進展）によって生じている「妻の近隣ネットワーク」の重要性も認識されている．地方都市と大都市を問わず，核家族の夫婦のうちの夫は，自己の問題解決や夫婦分業下の課題を職場ネットワークに求めるのに対して，妻は同じような課題を近隣ネットワークに求めるというアンケート結果がある[6]．この分析は，男性より女性が，夫より妻が，地域とのつながりが強いという実感を裏付けるもので，それを基礎に

「妻の近隣ネットワーク」として論じている．

　地域社会において，インフォーマルな近隣，妻の近隣ネットワーク等により支えられる関係の重要性が高まりつつあるが，それでもフォーマルな近隣による関係——町内会・自治会の関係——が地域社会の形成に向けた様々な工夫のうちの「一番の基本単位」であって，その理解なしには地域に係わる計画や施策は成り立たない[7]という見方は依然として強い．もっとも，ここでの近隣関係は，農村社会と都市社会で異なるものであって，農村社会においてはどうしても家単位で近隣関係が形成されており，そのつながりはおおむね共同体的な血縁・地縁のものである．それに対して，都市社会の近隣関係は「生活者主体の選択・意志によって機能的にシステム化される個人単位のインフォーマル集団である」[8]という．つまり，「都市では，居住地に境界がなく，市民の生活空間が連続的に拡大し分化すると同時に，その意識空間も町内会・自治会を超えて複雑に異質化している」[9]のだというわけである．

④「近隣社会」の使われ方

　このような近隣社会および近隣関係は，時代に対応した住民の組織やしくみとして形成され，時間軸において，その具体的な事柄への取り組みを重ねる中で具体化されていった．それらは近隣組織，近隣集団，近隣集落，近隣社会，近隣自治，近隣政府という用語で表現されているものである．ここでの近隣組織や近隣集団は，一般的には町内会・自治会そのものやその下位組織の組や班等が実質的にも住民組織として機能しているものを指している[10]．また，近隣集落や近隣社会はこのような近隣組織や近隣集団等の住民の生活に関するしくみがビルト・インされた地域社会そのものを指している．たとえば，「近隣社会」は自治省（現・総務省）のコミュニティ施策の標題として使われたことはよく知られたことである．1969年9月に出された国民生活審議会調査部会コミュニティ問題小委員会報告を受けて，自治省は1971年にコミュニティ対策要綱を出しているが，その表題の「コミュニティ」に続けて，括弧書きで「近隣社会」と記された．これは当時の新語のコミュニ

ティについての無用な混乱や論議を避ける意図があったのかもしれないが、そこに近隣社会という用語を当てたことに注目したい．その対策要綱においては、この近隣社会を「住民の日常生活の場」「住民の社会生活の基礎単位」と位置づけていた．

また、近隣自治、近隣政府については、地方分権改革の進展、地域活動、市民的活動等の高揚を反映させ、（財）日本都市センターが踏み込んだ提言を出した[11]．その提言における近隣自治を「コミュニティ・レベルにおける地域住民による自治の仕組み」だと位置づけ、それを具体的に進めるものとして、4つの方式を提起している．その中の1つに近隣政府方式も挙げている．そこでの「近隣政府」は、基礎自治体の区域の中の一部地域において、「住民主体で、かつ基本的に地域住民全員を構成員とする小さな政府を創設して、地域の問題・課題について議論し、方策を決定し、さらには執行までを実施する」ものだという．

(2) 近隣社会と政治・行政

①住民生活をつなぐもの

近隣社会のしくみはその社会を構成する住民のものである．たとえば、農村の集落には今でも残っているが、そのしくみは水の管理、道普請、葬儀等の近隣社会における「公」を仕切り、維持してきた．

近隣社会のしくみがその機能を向上させようとすればするほど、その広がりに対応した自治体行政との相性がよくなる[12]ようである．

②あらためて地域政治と行政を考える

一方、行政にとっては、近隣社会のしくみとの連携を強めることによって、近隣社会の動向や住民ニーズが把握しやすくなるし、そのために近隣社会の単位を行政上の連絡の単位地域として位置づけることも少なくない．また、住民にとっても近隣における日常的な住民間の交流やイベント参加は、そのまま行政とのつながりがあることを承知しているし、近隣社会における催事

は地方政治家にとっての存在感を示す機会でもある．

　近隣社会と行政や政治との関係は，このように密接なものだけに，戦後しばらくの間，そのつながりに関しては厳しい視線が浴びせられていた．たとえば，奥井復太郎は「近隣集団なるものは，その性格上身内集団的に偏狭・狭量で身びいきで好悪がはなはだしく公理公論の通らない，まことに厄介なものである．いたずらに公共的に組織化を云々すればこの状態の凝固を進めることになり近代性の追放となる」[13]と述べている．高木鉦作は，講和独立（町内会部落会，その連合会等の禁止解除）から10年も経っていない時期に，すでに連合町内会が行政補助団体として圧力団体化していることを実証的に指摘している[14]．また，奥田道大は「町内会の連合組織化が圧力の主体をより上位レベルにもとめる関係から，執行部と官僚機構の癒着化にもとづき，地方政治を実質的に空洞化し，また空洞化しないまでも，"第三議会"なり"第三の政府"的色彩を強め，地方レベルの議会活動を実質的に牽制，体制系列化へのルートをPromoteする」と述べていた[15]．高度成長期を超えた1980年代後半においても，豊田市での大規模自治区区長の道路建設等における役割の大きさの報告がある[16]．

3. 地縁社会システムの解体過程

(1) 近隣機能衰退の引き金

　近隣，近隣関係，近隣社会は時間を超えて存在するものである．どんな時代にもそれなりの近隣関係や近隣社会はあるものの，それを支え，起動させる近隣集団や近隣機能は制度変化や社会的変革の影響を受けてきた．

　その大きな影響は，地縁や近隣隣集団・機能への政府の介入と工業化都市化の2つであった．ここでは，前者を政治的行政的要因としてとらえ，後者を社会的経済的要因ととらえる．たしかに，政府の介入は一時的短期的には近隣のしくみの機能や役割を高めることもあるが，長期的にはそれらの近隣関係の自律性を失わせ，結局は衰退へと導いていった．これは後述するよう

にわが国の歴史的事実でもある．

　後者の社会的経済的要因は，いわゆる都市的生活様式がもたらす社会的影響に関するものである．工業化都市化によってもたらされた都市的生活様式は，家族，地縁，近隣のような第一次的接触としての人間関係の衰退をもたらす．そして，それに代わる第二次的接触としての人間関係による専門処理への高度依存を起こすことはよく知られている[17]．まさに，この専門処理依存の社会状況が生じ，結果として，近隣社会・近隣組織の機能衰退を起こしている．

　これについては次のような「効率性」「自律性」「可視性」に関する3つの問題群が指摘されている[18]．第1の効率性問題群は，問題処理の画一化分業化により生じるものである．この問題群とは，専門的処理に関する高度依存が，個々具体的な問題の生じる生活現場において処理される．そこでは，処理サイドの効率性を重視して画一化分業化して社会関係からできるだけ離して対処しようとする．この状況にあっては，きめ細かいサービスや心の問題への対処が難しく，非常事態への機動的対応が不得手になるということである．

　第2の自律性問題群は，生活現場から人々が離れがちのために，その地域の自律性や決定力が低下することを指している．

　そして，第3の可視性問題群は，このような処理のしくみは複雑で，その主体と客体の関係等が不透明になることを指している．加えて，近年の高度情報化，情報技術の進展と普及は，このような近隣社会機能の衰退をもたらす方向に働くものである．

　本節では，近隣組織の機能衰退をもたらした政治的行政的要因および社会的経済的要因を整理し，次節以降に述べる再生に向けての視点を明らかにする．

(2) 政府の過剰介入——普選，戦時統制，官製のコミュニティ対策
①官製による地域組織形成

まずは，地縁，近隣の社会的機能に関する政治的行政的要因による動向である．近隣社会におけるしくみの代表格の町内会・自治会を検討の対象とすれば，次の3つの政治的行政的要因に関する動向を取り上げることが必要であろう．第1は大正期末期における住民の政治参加の拡大とそれに伴う町内会の「良民」組織化である．これは当時の政治行政両面からのアプローチにより，それまでの有志団体の性格をもっているにすぎなかった町内会を全戸加入団体化の道を歩ませることになった．第2は戦時統制下での町内会部落会の市町村の末端組織化である．そして第3は，1970年代初頭の中央政府主導によるコミュニティ対策の導入であり，その画一的な住民活動および参加のしくみの形成である．この3つの動向についてもう少し敷衍しておこう．

第1の大正末期の「良民」組織化による町内会変化は次のようなものであった．大正期におけるわが国の地域社会では，都市部にあっては，都市問題が噴出し，農村部の米騒動等に示された社会的不安もあって，近隣社会のレベルでは，より安定的な運営体制づくりが迫られていた．大正期の中頃の時期に，東京の町内会はそれまでの有志団体としての組織編成原理を変革し，対象エリアに居住するすべての世帯の加入のしくみに転換している．この時期が町内会の「全戸加入団体化」の始まりであったという．もっとも，実際に町内会が対象地域における全戸加入のしくみになるのはもう少し時間がかかっている[19]．

そのような中で，東京市は町内という地縁的近隣社会に対する最初の行政上のアプローチが行われた．1924年（大正13年）10月に東京市は，社会教育（ここでは「良民」をつくり出すための自治訓練の場づくり）のための町内会のガイドラインとして「町会規約要領」を発行している．これによって，東京市内の近隣社会組織の共通化を進めようとしたわけである．「都市社会の危機を前に，上からの『草の根』的な民衆組織の組織化を通して，危機に対処」[20]しようとしていた．また，関東大震災の復興過程における土地区画

整理事業の調整においても，地区の住民の利害調整役としての町内会，町内会連合会の役割は大きいものであったということが報告されている[21]．

　東京市による社会教育的対応が行政的なものとすれば，政治的なものとしては，普通選挙制度の実施が挙げられる．1925年（大正14年）に男性を対象に普通選挙制度は開始されたが，その時期までに政党の大衆化は進んでおらず，新有権者となる民衆の属する地縁，近隣社会の組織としての町内会への政治家や政治団体によるアプローチが進んだ．つまり，当時の名望家政党・政治家は，圧倒的な大衆票の登場に対して，町内の有志団体から全戸加入団体への転換に力を貸すことを通して，集票していったというわけである[22]．

②官の組織への組み入れ

　第2は1930年代の半ばから終戦にかけての動向である．東京の町内会を例にとれば，その時期の選挙粛正運動→国民精神総動員運動（1937年以降）→大政翼賛会の成立とその下部機構化（1940年）の流れのなかで，単位町内会の標準化による「一町一会主義」，共同行動の最小単位の隣組，上位の市区レベルに向けての連合会組織，そしてそのセット化による運営システムがつくりあげられていった[23]．

　こうして国民の細胞網として再編成された町内会は，金属回収，貯蓄，国債の消化，防空設備の整備，納税業務，配給等の登録手続きや切符の割当など，住民にとって不可欠の戦時業務の実践単位の主体となった[24]．そして，これらの大阪市，東京市の実績を踏まえて，1940年（昭和15年）9月に内務省訓令17号「部落会町内会等整備要領」が出され，そのしくみが全国化されていった．その総仕上げは1943年（昭和18年）6月の市制町村制の改正によるものであった．つまり，「官僚制集権支配と共同体秩序の接合」[25]により，制度的に官の組織の一部に組み込まれた．

　臨戦体制における生活統制強化のなかで，近隣社会と行政や政治をつなぐ中間機能をもつ民間組織の町内会が，国家目的遂行の一部を担う官の組織に

切り替えられた．戦時統制社会の維持という時代背景に押し出されたとはいえ，これは過剰にして過分な待遇による近隣機能の乱用であった．これにより，戦後占領下ではもとより，占領解除後にあっても，町内会部落会（その連合会）は保守政治的機構としてのレッテルを貼られた．町内会は近隣社会のしくみとしては公式にはここで排除された．

　③官製コミュニティの誘導

　第3は70年代の政府主導のコミュニティ政策の導入である．1969年に国民生活審議会調査部会コミュニティ問題小委員会報告は，当時の社会状況の認識を踏まえて，コミュニティの概念，その意義，行政側の対応，そしてコミュニティ・プランの大枠を示した[26]．個々の地域でこの提案の近隣組織の交代は，当事者を軸にすすめられるべきものであった．

　ところが，それを直ちにナショナルワイドに自治体の現場で実践に移すという動きが表れた．報告が出された翌年の1970年8月に，自治省は「コミュニティ（近隣社会）に関する対策要綱」を発表．その翌年4月から1974年度までの3年で，44都道府県に83のモデル地区（79市町村）を指定し，事業化に突入した．それまでの産業振興政策と同じように，地区指定の競争的導入が行われた．そして，具体的な事業が，コミュニティ・センターという交流の場（物的施設）整備中心ということもあって，個々の地域事情よりも資金面等から地区間競争が重視された．その後，指定に外れた市町村を対象に都道府県単独の地区指定等も行われ，モデル地区指定の最終年からわずか3年後の1977年12月末の調査では，コミュニティ施策を実施している市町村は47都道府県で1,900市町村におよんでいた[27]．まさに，自治体では官製のコミュニティブームに沸いていたわけである．

　この時代には対抗型の住民運動が盛んであり，住民と市民，市民と行政の連携において試行錯誤が始まった．参加のシステムもいくつかの先進自治体において試みられている程度で，このジャンルにおいても国の補助金依存の縦割行政が中心に行われていた．また，自治体職員自身が市民の役割やその

活動に関してほとんど信頼をおいていない時期であった．そのために，これらのコミュニティ施策の展開に対して，革新自治体等から「官製コミュニティ」との批判を受けていた．

　政府主導のコミュニティ施策は，その意義をなしとはしない[28]が，それから40年の経過のなかで，そこでのコミュニティ・センターやコミュニティ組織がコミュニティ＝近隣社会の組織化の論点になっていないという事実は認めざるをえない．むしろ，地域の現場で自発的に生じるボランタリーな活動を抑え，その発展を遅らせてしまったとみることもできないではない．

　さきにふれた大正期および戦時期の政府介入とは，課題の重要さが違うけれども，その問題点は確認されるべきである．つまり，市民活動を迂回して行政が提供する課題対応のために，そのことが地域社会における住民・市民としての当事者意識を希薄にし，そこに普通の住民が参加することで近隣社会とその組織化が可能だという幻想をもたらしたということである．このようにして，生活現場から遠くはなれたコミュニティづくりの施策は，住民の自己組織力[29]を減殺し，当事者不在の土建行政的なものにしてしまったという事実は見逃せない．当初，自治省のコミュニティ対策要綱の「コミュニティ」に注釈として付記されていた近隣社会はいつの間にか消えていた[30]．これはコミュニティ施策そのものが，本来期待されていた生活現場を離れ，公共事業の一部のメニューとして浮遊する実態を物語っている．

(3) 行政機能の優越——行政の近代化の目指すもの

　このような政府主導のコミュニティ行政が進められる背景には，行政機能を軸とした近代化合理化の進展があった．わが国においての近代化は，行政国家・福祉国家の形成であり，不明確な未来を選択しかねない政治や住民の活動領域をできるだけ小さくすることであった．この流れの中では，近隣社会のしくみは，親睦中心のものとなり，地域社会の運営や改革は行政機能に集中させることとなった．行政サービスの近代化合理化を旗印に，近隣社会における身近なサービスを近隣社会のしくみから取り上げたともいえる．そ

の上で，再度，コミュニティ施策等の実施を通じて，近隣社会のしくみに，事務の委託等が行われる．この行政のリーダーシップによる地域行政の展開によって，近隣社会のしくみは，画一化が進み，組織としての自律性を喪失していった．

ところで，戦後から70年代までのわが国における人口の流動化と都市化は著しいものがあった．そして，それは高度成長による資本と労働の移動によって説明できるものであった．東京湾，伊勢湾，大阪湾，瀬戸内海の臨海部への工業立地を基盤とする国土の不均整成長があり，それ以外の地域との経済格差が拡大する．高度成長の持続的進行は，非成長（経済的条件の乏しい）地域から成長（経済的条件の豊かな）地域へ人口を移動させた[31]．それも経済の工業化によるものであったから，農林漁業従事者から都市雇用者への職業階層間の移動も生じた．その結果，全国的な規模での様々な過密過疎的現象を噴出させた．

この時期の地域社会では，人間関係においてのフォーマル，インフォーマルの両面において，土着的なものから流動的なものへと変化させた．成長地域に移動してきた人々は移動直後には社会関係のネットワークから孤立するが，その後次第に新たなネットワークを形成して適応する．その移動者はかつての地縁的，血縁的なネットワークではなく（ネットワークが存在したとしてもその重要性は低下），ボランタリーな社会関係のネットワークやボランタリーなアソシエーションへの参与が中核的なものとなった．しかも，この参与が任意的であるために，どうしても流動的なものにならざるをえない[32]．

もっとも，土着型（地縁的，血縁的ネットワーク）から流動型（ボランタリーなネットワーク）へ一気に移行するのではなく，世代間，世代内移動を通じてゆっくりと変わっていく．しかも，この土着型と流動型のネットワークは重層的に共存する状態が続くものであろう．このような状況の出現で，それまでの土着型社会に身を置く人々は，自分たちの近隣社会の機能の衰退あるいは解体までも感じていたに違いない．

4. 近隣機能再生の萌芽

(1) 地域紛争・住民運動
①住民運動とその主体

　高度成長期の後半になって，わが国の近隣社会では激しい地域紛争や住民運動が頻発した．全国の公害苦情の受理件数が66年に約2万件だったものが，その4年後の70年には8万件にもなっていた．その中での産業公害の直接的な原因は，50年代半ばからの産業立地のマイナス面を企業や労組等により吸収されることはほとんどなく，そのつけのすべてを地域社会に背負わせたという日本的現実があった[33]かもしれないが，このような問題を起こす社会についてもいろいろな見方が提起されていた．

　たとえば，社会心理学者の犬田充は，戦後以降の社会状況をマクロにとらえて，当時の紛争社会をもたらす背景として次の4点を指摘した[34]．第1は，権利についての日本人の意識革命が，始まったことである．具体的にいえば自己の権利をあらわに主張し行動することをはばからなくなったのだという．第2は豊かになって，個人行動の自由度が高まったことである．この時期になって，1人当たりの国民所得が年間1,500ドルを超えているが，それまでの伝統社会に息づいていた習俗やものの考え方に従わない行動が国民に生じていることをあげた．第3は社会の均質化によって促進された社会集団が巨大化し，強化されたことをあげている．そして第4は，所属集団の凝集力の弱化ないし喪失である．ここでのテーマの地域社会，近隣社会の結束力が戦後弱くなり，形式だけのものに空洞化していることをあげている．まさにアノミー化の現象をみていたのだが，ここでは第4の指摘の近隣社会の結束力の喪失に注目しておきたい．つまり，地域住民サイド，とりわけ紛争が発生しうる，あるいは発生してしまった地域において，近隣社会の組織は問題対応の回路やしくみはどうだったのか．紛争や住民運動の発生が多いということは，ほとんどが発生側のことであっても，近隣社会における機能不全・喪

failを等による形骸化が進んでいたのかもしれない.

　さて，問題が発生した後の住民運動とその主体であるが，地域住民の声には要求を媒介するものとして古い型と新しい型のものがあった（実際には，リーダーが共通していることなどから，混在していた）．古い型は地縁団体が中心になっているもので，提起の相手先も自治体行政であった．そこでは，それまでのように地域環境等に関する施設の改善を陳情請願し，自助的な立場から関係住民を励ますものが中心であった．それに対して，新しい型の住民運動の主体は，その問題となる特定目的のために，新たに組織化された任意の市民団体であった．その手法は，公害であれば，それによって地域生活環境の悪化を招くおそれのある行動を阻止するために，その原因者に抗議したり，そのような事態を事前に回避する措置を自治体行政に求めるものであった．その争点別には「公共施設の増設とか教育・福祉施策の充実を求める」作為要求型と「公害その他の生活環境の悪化をまねくおそれのある開発行為に抵抗する」作為阻止型が報告されている[35]．そして，「総括的にいえば，作為要求型の住民運動に加えて作為阻止型のそれが台頭してきたとき，はじめて住民運動という概念が定着した」のだといわれている[36]．

　この報告を踏まえた論文で，西尾勝は住民運動の主体についての考察を行った．そこでも，古い型＝既成の地縁的包括的住民組織と新しい型＝運動のために新たに組織された住民組織は，住民運動の主体としてどのように機能したのかという点であった．その実態調査の結果においては，第1に，「既成の地縁的包括的住民組織」の比重が高い（全体の6割）こと，第2に，都市地域になればなるほど相対的に「運動のために新たに組織された住民組織」の比重が高いこと，第3に，利害関係の分布範域と既成住民組織の範域が重なっている場合には，既成の住民組織が主体になるが，利害関係の範域が既成住民組織の範域を超え，複雑な利害対立がある場合には，新しい住民組織になるという整理をしながらも，住民組織の機能評価は避けている[37]．

②住民運動の組織としくみ

　古い型と新しい型の住民組織は，個別具体的な状況において，様々な状況をみせていたが，その理念的な枠組みの検討も進められていた．奥田道大はそれまでの地域社会形成に向けた多くの経験・事例の共通項目として，次の要素に分解して示している[38]．

　運動の主体＝地域住民
　起点と目標＝日常生活基盤の維持，防衛と拡充
　組織性＝自発的な集団努力，一定の住民組織
　運動の対象＝政府・自治体や企業等

　ついで，運動のイッシュー，運動の組織化過程とリーダーシップ，運動の担い手，運動の原理の5つについての整理を行った．以下に，要約的に整理しておく．

　　　運動のイッシュー＝直接的には地域生活過程の矛盾の拡大・深化を起点としており，当面の問題だけではなく，今後生じるであろう問題を含む
　　　運動の組織化過程＝生じるイッシューへの共通自覚に立つ住民間での自発的な組織化であって，運動の展開に応じて既成団体と連携するが，フォーマルな住民組織を志向しない
　　　リーダーシップ＝住民が自由意志でコミットする特定領域で自らの個性や能力を多様に生かすことのできる有限責任のリーダーシップ
　　　運動の担い手＝イッシューの共通の自覚化に立つ住民一般
　　　運動の原理＝地域生活過程の矛盾に根づくイッシューを共通とする住民が，体制への組織的継続的対応において，彼らに内的に意味づけられる，よりトータルな価値体系へ志向する運動形態

　ちなみに，この規定内容は体制的価値秩序に向けての運動的側面を重視する刷新性向のコミュニティだと位置づけられている．そして，その多発する

エリアは分析対象となった大都市周辺部の地域であったが，新たな対応方策やそれに見合うしくみを模索していくのもこの地域の分析から始めている．

③革新自治体の登場[39]

1963年4月に行われた第5回統一地方選挙で，横浜市，大阪市，京都市，北九州市といった大都市に革新市長が誕生している．その後，革新自治体は増え，8年後の1971年には革新市長は全国で120市を超えていた．革新市長の全国的な地域分布としては，東日本に多く，東京，大阪，名古屋の大都市圏のいわゆるベッドタウン的性格をもつ地域にも生まれた．その代表格の飛鳥田一雄横浜市長は，当時の港北区（現在の緑区，都築区，青葉区）等の北部郊外の市民に押し上げられ，逆転当選によって誕生したものであった[40]．そのような地域では，近隣社会の組織が不在か，ほとんど機能していない．すくなくとも，革新市長を支持した住民はそのようなしがらみの外側にいた人たちが多かった．

革新自治体に共通したこととしては，それまでの開発政策中心から「住民福祉優先」を掲げ，またそれまでの保守系市長の多くが中央政府とのパイプの大きさを誇っていたのに対して，市民との対話，参加を基調とするものであった．同時に，それまでの中央と地方の関係を変えていこうとしていた．革新自治体の政策として掲げられた自主条例や権限なき行政は，その試みの1つであった．

革新自治体は，市民と行政の関係を見えるものにしながら，住民と市民の関係，中央と地方の関係，それぞれの領域において創造的な活動が必要であり，それが可能であることを実証してみせた．それらを通じて，新たな地域づくりのネットワークがつくりだされていた．地域政策の大きな流れとしては，市民の組織化の始まりともいえる．

(2) 地域「コミュニティ」の発見
①市民型住民層の社会

　ところで，近隣機能再生の萌芽を見出すためには，コミュニティの理念と尺度の存在を確認しておく必要がある．この確認は2つの次元の出来事を観察することを指している．その1つは，すでにふれたように国民生活審議会調査部会のコミュニティ小委員会報告である．小委員会報告序論の「コミュニティ問題の提起」は次のように語りかける．

　　「かつての農村社会に普遍的に存在していた生産構造および生活構造を軸とする村落共同体や都市の内部に存続して来た伝統的隣保組織は，新しい生活の場に対して適合性を欠くことが漸次明らかとなってきた．」

とし（筆者注：伝統的住民層によって構成されていたかつての地域共同体が崩壊していく現代を第2段階だと位置づけている），

　　「次に来るべき第3段階においては，生活の充実を目標として目覚めた『市民型住民層』に支持をうけたコミュニティが成立しなければならない．」

　つまり，当時の近隣社会には「伝統的住民層」を基本的軸とする近隣組織と「市民型住民層」を軸とする地域社会のイメージがあり，前者の組織はすでに空洞化し崩壊しつつあるのだから，後者のイメージに沿った新しい近隣社会のしくみづくりとその新組織への転換が急務であることを説いていた．
　この報告には，本来の地域社会のあり方を描いているわけではなかったが，それまでの社会的機能やイメージのレッテルの張替えをねらったものであって，報告書は繰り返し増刷され，コミュニティの言葉が一種のブームのように使われた[41]．

②普遍的なコミュニティ像

この審議会報告のヒットが鳥の目としての視座からのものであるとすれば,もう1つの虫の目としての視座からのものとして,住民の地域社会とのかかわりにおいて主体的行動体系と普遍的価値意識の要素の両面をもつ活動の確認が行われた.すなわち,コミュニティのあり様は客観的にとらえられることではなく,住民自身の「主体的」行為としてとらえようとするものであった.しかも,特定の地域や特殊な地域文化だけで通用させるものではなく,その活動が普遍的な広がりをもちうることだと位置づけた.この広がりはコミュニティを広域的に結びつけていくことでも,全体社会に還元させていくことではなく,個々のコミュニティが,それぞれの主体性を認め合ったうえで,相互に交流・連帯することを指していた.そうでなければ,コミュニティの活動は「他と断絶された小宇宙での"われわれ行動"（地域埋没的ぐるみ的連帯行動）や"われわれ意識"（排他的な地元共同意識,郷土愛）を強調するものでしかない」ということになる.「コミュニティの現代的意義は,コミュニティの価値が普遍的に広がりをもちうること」であった[42].

③2つのコミュニティ論

このコミュニティ像を「コミュニティモデル」として設定し,1971年に大都市周辺地域の八王子市において住民意識調査が実施された.この調査地点は,旧来の農村的地域に流入人口を多く受け入れている流動性の高い近隣社会の地域であった.その調査結果では,この「コミュニティモデル」といえる属性の住民意識が他のモデル（地域共同体,伝統型アノミー,個我の3つのモデル）と明確な違いがあること,コミュニティ形成は個我→「コミュニティ流れ（共同体に向かう意識としての求心性,個々の利害を重視する遠心性を考慮することが重要）の運動の有効性を得ているのだという[43].

この2つのコミュニティ論は,激しい住民運動のエネルギーを未来志向のものに方向づけをすることで沈静化させながら,同時に,身近な生活を基盤においた住民主体の新しい公共の担い手を育てていくこととなった.

5. コミュニティ形成とまちづくり

(1) まちづくりの胎動

①地域振興のキーワードとしてのコミュニティ

　70年代の半ばには、徐々にだが、着実にまちづくりが全国的に広がっていった。有名な事例を北からあげれば、北海道池田町（地域自立とワインづくり）、遠野市（トオノピアプラン）、福島県三島町（ふるさと運動）、町田市（市民祭「23万人の個展」）、長野県南木曽町妻籠（歴史的町並み保存と地域の再生）、京都市（コミュニティ・バンク）、神戸市・丸山地区「コミュニティ・ボンド」、広島県作木村（過疎の村を活かす）、愛媛県内子町（歴史的町並み保存）、大分県湯布院町（明日の由布院を考える会）などである[44]。これらのまちづくり事例は、直接的間接的にコミュニティ形成をテーマとしているものであり、現在までかたちを変えながら続いているものもあるし、個々の地域なりの理由によって終了しているものもある。

　これらの事例は、それまでの行政主導の地域政策としては、あまりに多くの地域資源が個々の「地域」に封殺されて社会化しないという現実から出発し、行政セクター、市民セクターを制御する一種のコミュニティ感覚により進められていたように思われる。つまり、そこに生活しつづけようとしている人々による行動の共同性が、基本に置かれており、そのために、行政のトップの自治体首長でさえも、行政の世界の内側のインフォーマルな生活世界に足場を置こうとしていた。

②まちづくりの世界

　このまちづくりとは何か。最近では、英語でも発音のまま「Japanese matidukuri」で通用するといわれるくらいに、日本的で、かつ幅の広い意味で使われている。「まちづくり」を長年説いてきた田村明は、次のように説明している[45]。

「一口で言ってしまえば,『まちづくり』とは一定の地域に住む人々が,自分たちの生活を支え,便利に,より人間らしく生活してゆくための共同の場を如何につくるかということである.その共同の場こそが『まち』である.」

その上で,「つくる」とはモノ,シゴト,クラシ,シクミ,ルール,ヒトをつくることであり,最後にコトをおこすことの7つの要素によって成り立っているのだと解説している.

また,地域主義を唱えた玉野井芳郎は,地域主義はまちづくりにおいて自然に受け入れられ,急速に定着しつつあるようにみえるとして,まちづくりに関して次の3点を指摘している[46].

第1は「まち」という言葉は,地域が集落としてあらわれる際に「むら」と「まち」が生じたものであって,この「まち」は都市の翻訳語ではないこと.第2はその対象は「地方」だという.大都市の中でも独自の地域として成り立っているものはこの「まち」に含まれる.そして,第3はこの「地方」は「生活の小宇宙」であって,「西ヨーロッパに例をとるなら,ゲマインデやコミューン等々にあたる」という.

このように整理してみると,まちづくりは住民運動を基盤に各地のコミュニティ形成に立ち上がった住民主体の活動スタンスとほぼ同じだということになる.

③まちづくりの同志的結合

まちづくりやコミュニティ形成における人間関係の中では,様々なことが志向されてきた.組織モデルとしては,行政組織,町内会等の住民組織,企業組織等が試された.個々のまちづくり運動やコミュニティ活動に関する動きを追いかけると,既存の組織モデルの活用経験を垣間見ることができる.

しかし,成功しているコミュニティの組織化は,そのメンバーの第一次的関係を離れて,新たに形成されるのが一般的である.そこでの活動参加を促

している争点とのつながりに関する主体的判断に依拠して，個々のメンバーの自由な意志により参加が決められる．これを別の角度からいえば，「この指とまれ」的組織化が行われるわけである．そのために，まちづくりの組織の多くは，出入り自由のネットワークのものとなった．まさに，一種の同志的結合によるものといえる．

(2) 市民ネットワークとコミュニティ
①市民的活動の視野の拡大

80年代前後から，個人による社会参加が拡大している．ここでの参加は公的機関等への政策形成への参加ではなく，社会活動への参加であって，あえて社会性の存在を込めていえば，社会の形成過程への参加といえる．福祉，環境，子ども，国際協力等の特定の分野において，個人の関心と判断による参加が拡大していたのである．

それらは，ボランティア活動として一括りにされる動きでもあるのだが，その背景には社会的問題への行政政策が空洞化しており，結果としてそうした問題が放置されていたことにあった．すでに，身近な生活において生じる課題に対して，行政領域の政策手段——施設整備，人材の提供，資金の供与，様々な指導や計画づくり等——は，問題の発生を示すシグナルとはなりえても，具体的な解決をもたらしえないでいた．その一方で，社会参加する個人の側に一定の力量が備わりはじめており，市民としての力が活用されるようになっていた．その点では，前の時代までの政策決定を公的なものとして行政が独占し，その対象の決定や配分過程において，市民やコミュニティをどうかかわらせるかというテーマに比べると大きな変化だということができる．

この時期から市民は自分たちの視点や価値判断をもって，納得できる行動をするようになっていた．活動の視野を広げ，本当に社会に役立つアクションを起こすしくみに参加するようになっていたのである．ようやく市民は政府と既定の近隣社会と距離をおいて，その活動のための組織化の途を歩み始めたといえよう．

②ネットワーキングのコミュニティの組織化

　70年代のアメリカ社会において大きな広がりをみせた「ネットワーキング」の考え方と活動のスタイルは，80年代の前半に，わが国の社会に入ってきた．先進国の病理現象を呈しているアメリカの政治，経済，宗教の現実に付き合わないで，国内にある様々な生き方を追求している個々人のネットワークによる「もう一つ（オールタナティヴ）のアメリカ」の世界をつくろうとするもので，膨大な個人や団体の住所を載せ，アメリカ全土にわたるゆるやかな統合を図ろうとする活動であった[47]．ここでの「もう一つの社会」は新たな生活提案であって，その実現をめざして人が集まり，提案に向けての行動戦略がつくられ，そのための運動が展開されるものであった．そこでのポイントは人が集まって，アイデアやヒントを持ち寄ることにあった．

　ネットワーキングは，市民主体の運動・活動であって，「変革の姿勢をもつが，必ずしも対決の姿勢をとらない．それは生活提案型市民運動に見られるように，まずオールタナティヴを示して見せる．それが人々に魅力的であれば，参加者が集まり活動が開始される．オールタナティヴ実現が目的なので，その相手との間でイデオロギーが違っても柔軟性があれば，協力できる部分は協力する．また相手と対等に交渉できる力量がある場合には，パートナーシップを組むことも辞さない．この姿勢は，対決型市民運動とは明らかに異なる．そこで，このような市民運動を，担い手自身が次第に『市民活動』と呼ぶようになる．つまり『市民活動』とは，ネットワーキングを経験した市民運動のことなのである．」[48] このネットワーキングは，後にみるように市民活動団体の原型となっていく．

　80年代も半ば以降になると，わが国でもネットワーク型のコミュニティ活動が広がっていた．地域に馴染みのない団地住まいの主婦が，公共図書館での読書サークルへの参加を機会に，点字・手話の勉強の場を開き，ボランティアに参加するという動きがその特徴である．東京都区部で，「コミュニティ活動の様相も，これまでのように，コミュニティ活動を支える一定の組織形成が見られるわけではなく，むしろ『人』中心のネットワーク形成が重

要となる．その意味では，それが硬い組織であれ，あるいは柔らかい組織であれ，組織離れというか，『脱組織』に特徴点がある」[49]とみられるような動きが広がったのである．

④課題とその解決主体の地域化

福祉，環境，学習，災害対応等の具体的課題とコミュニティとが交差してコミュニティのテーマとして認識されるのは70年代以降であるが，具体的に展開されるのは80年代からといえる．それは，これらの個別テーマが地域を土俵に生じる段階から，その地域なりの解決の仕方が求められる段階に移行したからである．

例示として，地域福祉をとりあげよう．奥田道大は80年代になって福祉コミュニティの調査を行っているが，その動機やねらいとして，次の4点をあげている[50]．

第1は福祉コミュニティのテーマは，人と人の自覚的・人格的結びつきと地域生活の新しい質の構築を目指しているということである．すでに，地域福祉の概念や分野が論議されるようになり，福祉コミュニティが地域コミュニティの下位（sub-）コミュニティとして位置づけられて，福祉の現場としての地域組織が編成されつつあった．そこでは，越智昇の地域住民の「気づく主体」から「築く主体」への成長[51]を引きながら，生活文化の観点から福祉に切り込めないかという課題認識を示していた．第2は福祉サービスを通した地域機能の検討である．80年代以降は，60年代高度成長期の会社人間が20年を経てリタイアし，高齢化の進む地域に地域人間，全日制市民として戻るというマクロな社会状況の下での課題の発見でもあった．第3は，第一次ベビーブーマーの団塊の世代の地域福祉における役割と課題の検討である．とりわけ，この世代の女性の地域を仲立ちとしたネットワークの役割を認識することであった．そして第4は，町内会自治会役員の高齢化等による地域管理機能の弱体化，足腰の弱さという現実を前に，それにどのように対処するかという課題である．そこでは，地区社協やボランティア等の連携

が学習・検討されている．このように，地域において多元的なネットワークづくりが80年代に始まっていた．

　視点をアメリカの大都市に向けると，80年代になって近隣社会のしくみが急速に注目されるようになった．それは居住空間の再生に草の根のボランタリー組織の役割が高まったことにある．それまでの70年代においては，連邦政府が住宅再生の補助金交付等を行っていたのだが，80年代になってレーガン政権による新保守主義の考え方は，それまでの連邦政策の住宅政策を打ち切らせることになり，結果として，CDC（Community-based Development Corporation）が低所得者向けの住宅政策の主体としてクローズアップされている．CDCは低所得者やマイノリティを基礎に草の根の運動を行い，大都市の経済的機能から見放され放棄された低家賃住宅をアフォーダブル住宅に変えていった．世界的大都市の影の部分にあって，草の根の位置から新たな居住のネットワークとコミュニティが生み出されていることに注目しておきたい[52]．

(3) 市民と行政のパートナーシップ
①市民的活動と地域機能

　80年代後半になると，市民的活動への信頼も高まり，様々な分野で市民の役割が開発されていた．たとえば，公園づくりの動きをみてみよう．かつて，公園整備は行政の任務であって，例外的に民有地を市民の広場にし，借地による市民の森などが設けられていたが，ほとんどは行政の先導による公共施設がそれに準じる施設の整備として進められていた．ところが，80年代後半から90年代にかけて，住民・市民との協働による公園づくりが進んだ．それまでは整備された公園の管理運営面での住民の参加は行われていたが，この時期からは発案段階，企画・立地・計画・設計段階，そして建設整備の段階においても参加と協働が行われるようになっていた[53]．

　このことは単に手法が変わっただけではない．住民・市民の位置づけ，事業の性質，つくり出される公園管理の考え方等のすべてにドラスティックな

変化が生じたのである．身近な生活の場からのワークショップによる住民・市民の意見提起・集約，それを一般化し行政に伝える専門家の活動，さらにこのことを前提とした担当セクションや予算の枠組み，そしてそれらを調整する行政マンの気概とリーダーシップ等が見られた．これらの活動が進められる共通基盤は，現場としての地域であって，その歴史と沿革，文化，コミュニティが徹底的に解明され，より有効な地域機能をつくり出すことに力が入れられていた．

②日常性（非行政）の優位性

公共サービスにおいて地域機能が重視されるようになると，地域問題の発生や構造的な課題を解決することを主題とする行政の役割よりも，日常の生活を送っている住民生活そのものがクローズアップされる．

たとえば，阪神淡路大震災の発生後の状況は，行政は日常時における非日常の対応であった．この状況は非日常時（大災害の発生時）にはほとんど役に立たないことを証明する結果となってしまった．あらためて，行政や大変な時にやってくる約束のもの（現実は本当に大変な状況になると，使えないもの）との関係よりも，日常的な地域社会，近隣社会との関係が非日常時，緊急時に大切であることを教えた．つまり「災害のためのネットワークは，活動団体を異にする市民団体を横につないでいく．分野の違う団体との接触が，自分たちの活動を見直すきっかけになるかもしれないし，地域内の人間関係が豊かになっていくにつれて，自分たちの地域に別の側面があることに気づかされるかもしれない．また，地域の安全を考えるということは，災害以外のさまざまな問題——在宅のひとり暮らし高齢者・障害者や環境問題，犯罪など——に目を向けることにもなる」[54]というわけである．

大きな災害から得られた教訓の1つは，新たな近隣関係は，日常性のなかで，非日常時に機能できるものでなければならないことである．それは顔の見えるものでありながら，ゆるやかなものだということを示唆している．

③パートナーシップのしくみ

　市民と行政のパートナーシップとは，一定の地域において，市民と行政の特性にあったスムースな連携がとれることである．そのためには，主として市民サイドのための情報，アイデア，施設，資金，しかけ等を行うしくみを設けることが課題である．実際にも，住民と市民，市民と行政をつなぐ中間機能の整備が各地で行われてきた．たとえば，ボランティアセンターの名称の施設は各地に設けられている．設置の経緯はさまざまであるが，連携の機能を持っていることが多い（第5章において詳述している）．また，世田谷区のまちづくりセンターは先駆的なものであり，これまで市民中心の政策形成をリードしてきた．最近では，NPOや市民公益活動を支援するしくみとして，各地に市民活動サポートセンターが設けられている[55]．これらのしくみについては第4章において詳述する．

　なお，2002年4月に誕生した中田宏横浜市長は，当選直後に「民の力が存分に発揮される社会」の実現を掲げ，そのシンボル的な意味も含めて，その年の10月から，旧富士銀行横浜支店（歴史的建造物としての特性を生かすことを条件に市に寄付されている）に市民活動拠点として「市民活動共同オフィス」を設けた．このオフィスは公開プレゼンテーション等を経て選ばれた14団体が入っており，オフィスそのものもNPOが管理している．これからの横浜市とのパートナーシップについてのモデルの形成を意図していたものである[56]．

(4) 新たな段階の認識

　さて，ここまで述べてきたのは，わが国の近隣社会は農村型社会の下での相互扶助を軸とするしくみが形成されていたが，戦前期戦中期の国家体制や戦時臨戦体制のための政府介入，近隣社会の基礎的条件を根こそぎにするような急激な工業化都市化等により，近隣社会のシステムは空洞化し解体の危機すら迎えていたことであった．そして，その危機を回避し，地域における生活価値を社会化する流れをつくり上げたのは，新たな視点で近隣社会を見

つめ，そこに生き続けようとする人々だった．危機の波は住民運動や革新自治体の過激な行動により弱まり，オイルショック以降の経済成長の鈍化によって消えていった．それ以降は工業化都市化の波は小さいものになり，阻止型，要求型の住民運動も革新自治体も目立たなくなった．そこに生き続けようとする人々によるコミュニティ形成やまちづくり運動はむしろその時期から高まった．そのメニューには近隣社会の再生とそれをどうやって進めるかというものが含まれていた．もっとも，その推進者にとって，この課題は自分自身とその地域の問題であっただけに，表面化しにくいものであった．

その転換点は80年代から90年代にかけての住民，市民の動きに見られた（本章第4節(3)）．つまり，直接的に近隣社会のしくみや組織を対象とする変革はほとんどなかったが，そこに足場を置く住民の「個」としての市民資格による活動とそのゆるやかなネットワーク化が進んだことである．

そこでは，「地域ぐるみ的な町内会組織を地域との唯一の回路とする時代はもはや終わった」[57]という認識が，その地域を長年見守ってきた外部の実務者や研究者からの発言をみるようになっていた．すでに，各地で地域住民の自発的な行動によって，「市民サロン」「クラブ型市民会議」等のゆるやかで，やわらかい組織がつくられていた．また，NPO法の施行等によって，潜在化していた未組織の住民ネットワークが組織化された．これらの組織は町内会自治会（近隣社会を代表する組織）の重層的な結びつきの下で，住民主体の地域経営が行われ，自治体行政もそれを前提とした．そして，近隣社会とのつながりのうすい市民組織対応の窓口が整備された．その時期に近隣社会の新たな関係づくりが一層進められるようになってきた．

ここに着目して，次節以降では，これからの近隣社会にかかわる多元的な組織イメージを検討してみたい．

6. 市民的公共圏の広がり

(1) やわらかくて,強い組織
①市民社会の近隣社会

　近年になって,近隣社会にはそこでの出来事やその未来を自由に語り合うしくみが形成されつつある.かつては,近隣社会における唯一の社会組織として設けられた町内会や部落会が,地域の生産および生活の管理,冠婚葬祭等のそこで一緒に生きる人たちの共同のしごとのすべてを取り仕切っていた.近隣社会の情報は,最初にこの組織に集められ,より下位の地域組織や個々のメンバーとしての家族は,その動きを見ながら世間と付き合っていた.このしくみは農村型のものだが,都市のものはその拘束が小さいだけで,関係としての本質はそれほど違うものではなかった.

　それが80年もの歳月の社会変化によって空洞化し,今日では個々人の課題,興味・関心等にしたがって行動する多様な社会集団が生まれ育っている.近隣社会の地域組織とその活動を客観的にとらえ,それなりに関係をもちながら,利害関係を超えた地域における自由なつながりによって実施しようとしている.在宅ケア,給食サービス等をはじめとする福祉NPOや福祉ネットワーク,地球的規模の連携をもつ環境ボランティア,災害ボランティア等でさえも,その一方の足は,そのボランタリー(自発的)なしくみ結成の出発点であり,原点ともなっている特定の近隣社会を基礎においているのである.

　そこでは当事者が,意識するとしないにかかわらず,「共同体的な集団から解放された個人が自分の考えや意見を言説と行為をとおして自己表出する公開的な社会空間を,市民的公共圏と言う」[58]という定義に照らせば,市民的公共圏を形成しているわけである.そして,近隣社会は市民的公共圏の重層的形成によって,着実に今日的な意味での市民社会(Civil Society)[59]の基礎的単位として構築されつつある.

②やわらかくて，強い組織の活動原理

さて，近隣社会に根を下ろしつつある市民サロン，クラブ型市民会議の組織について整理しておきたい．まず，それらはボランタリー・アソシエーションだということである．ここで，アソシエーションについて長々と論じることはできないが，個人の自由や人格を基本としたしくみという程度にとどめておこう[60]．ボランタリー・アソシエーションは，文化クラブ，趣味・ゲームの会等にみられる自己充足を志向するものも多いが，公共的な争点志向（環境問題，消費生活問題等），社会的サービス志向（地域社会，福祉，災害等）のものも増えてきている．

その中で最近注目されているのは，社会的サービス志向型のものである．阪神淡路大震災以降の災害ボランティアの活動はそれまでの市民活動への見方に修正を迫るほどの貢献であった．また，福祉NPO，社会福祉協議会を経由する福祉支援の小集団等は，制度的プログラムに結びついたものから，自律的自助的なものまで幅広く行われるようになっている．なお，前述した市民サロンやクラブ型市民会議は地域問題への関心のやや包括的なボランタリー・アソシエーションだといってよい．

この種の組織についての選定基準を，越智昇が作成しているので紹介しておきたい[61]．

(イ) 活動が自律的であること
(ロ) 報酬が第一義的ではないこと
(ハ) 活動が一時的間欠的であること
(ニ) 日常性のなかの非日常的な行為であること[62]
(ホ) 活動が集権化することを排し，常に分散分権化すること
(ヘ) 地域の既存組織とのかかわりを持続しながら，常に非通念性の浸透を図ること
(ト) 地域的にフォーマル，インフォーマルなネットワークを多様に形成している
(チ) 記録の公表により，活動の到達点と今後の課題を明らかにし，そ

のコミュニケーションの過程に行政職員や既存の役職員を巻き込んでの情報ネットワークづくりを行っていること
（リ）普遍的な価値・態度体系を持ちながら，それを外在化し，限定された政治・行政の中で実現すべく緊張関係を保持し，それゆえに運動の連帯性をどこまでも拡大していること
（ヌ）学習など自省的契機を媒介していること，所与の情況に無反省に適応している日常性を自省し，それが創造的な運動のバネになること
（ル）活動の拠点づくりを含めて，具体的な環境変革を伴うこと
（ヲ）自治体職員の参加と意識改革が見られること
　　※（リ）〜（ヲ）運動文化に係わる基準とされている．

　ところで，この種の組織は，参加者にとっては出入り自由の気楽なしくみでありながら，その行動を通じて，その参加者自身と短期的には関係領域，長期的には社会的変革をもたらすものである．その点に着目すると，この組織への参加はコーズ（Cause：理念や主義主張）が明確であり，重要な視点を含んでいる．たしかに，ここに示されている組織イメージは柔らかい組織だが，同時に強い組織でもある．スタッフや運営に関して，制度的官僚的であるよりもその対極に位置しているのだから，官僚システムの立場からは脆く，維持することがむずかしいという印象は避けがたいであろう．しかし，ボランタリー・アソシエーションの組織は創設集団，支持的，集団等に分節化され，社会的な機能を持続的に展開している限りは周りの信頼も高い．職業的組織が環境変動の中で，柔軟性喪失状況にあるのと比較すると強い組織の面をもつともいえる．
　なお，このしくみは組織や運動存続が目的ではないので，当初の目標が達成され，一定の活動が終了すれば解散するものである．

(2) アマチュアリズムのインフォーマルな自治

このように近隣社会の担い手が多様化し，クラブ組織としての機能をもつ柔らかい組織が増えるようになると，専門性や職業性の対極にある大衆性，非職業性による活動が重要になろう．つまり，地域や生活を概念としてとりあげるのではなく，経験，体験の膨大な集積とそのコーディネートが必要となると思われる．最近では，女性を中心に多くの住民が，ボランティアの活動経験を介してもう１つの「世間」「社会」に出会っている．また，ライフコースに応じて，「ふとしたキッカケ」「PTA，生協活動の延長として」「子供への手がかからなくなったから」「家庭，地域の日常の生活の幅，人間関係に縛られなくなったから」[63]という理由で，住民活動に参加するようになったのである．

これまでの近隣社会の組織は，国家次元のモデルが先行し，与えられた画一的な運営制度であった．フォーマルな自治のシステムの足元には，生活者としての個人が地域で試行錯誤することが想定されていなかった．別の言い方をすれば，実質的な近隣自治の機会を与えず，行政（専門性，職業性を基礎とする官僚制のシステム）サイドにその機能を吸収させ，委ねるという対応であった．

そのために，組織としては空洞化し，活力を失った．近隣社会およびその組織の再生のためには，それを逆転させ，ボランタリーな活動やしくみが活発化していることが望ましい．つまり，アマチュアリズムにもとづくインフォーマル（非公式）の自治文化の基盤形成が必要性だということである．近隣社会に関する近年の情報開示と多様な市民参加の実施は，この意味でのアマチュアリズムにもとづくインフォーマルの自治文化形成に寄与している．現在の自治分権改革は，市民主体の住民主体を標榜するものであるが，こうした自治文化とのつながることによって，はじめて機能していくものと思われる．

(3) 新しい近隣の創造

これからの近隣社会は，どのようなものとして方向づけられるべきなのか．今日までの地域組織の多様性，マネージメント重視の地域づくりの中に「新しい近隣」を見出し，トータルテーマの近隣自治の内実を構成するものだと認識したい．既成の組織や物的環境を脱して，「どきどき」「わくわく」するたまり場を演出できるヨコにむすぶ関係[64]を「新しい近隣」[65]とよびたい．「新しい近隣」は地域の課題を多様なネットワーク，つながりで解決できるしくみであって，そこには，市民的活動のすべての要素が俎上に置かれていて，一定の地域の広がりにおいてそれらをどう編みこんでいくべきかの課題を示唆している．

7. 行政主導の市民秩序を超えて

本章では，近隣社会に寄与する組織から説き起こし，市民的公共圏にまで議論を広げた．そこには，行政システムの都合による地域的住民主体のセンターとしての「近隣」の処遇が見えてくる．そこでは，近隣社会を代弁しようとする組織は，行政の近代化，合理化にとってはむしろ邪魔な存在であって，行政はそれを排除する方向で動いていった．また，住民サイドにおいても，行政の提供する一枚岩において地域政策を進められることを許容した．だが，現実には自治体行政が地域の課題に向けて果敢に実現の道を進めば進むほど，混迷を深めることとなった．

ところが，超都市型社会と認められる社会構造の下で，住民自身のロジックによるスタンスの有効性が確認され，行政と住民は別個の政策主体として展開し，協働の関係形成の運動の下で公共的な営みが発見されるようになったのである．このことは，次章の市民主体のコミュニティ活動の歴史的動向の検討においてさらに検証されることになる．

注

1) たとえば，(財)日本都市センター『自治的コミュニティの構築と近隣政府の選択（市民と都市自治体との新しい関係構築のあり方に関する調査研究最終報告書）』2002年3月は現代都市社会における「自治的コミュニティの形成と都市内分権の潮流という新しい動き」を踏まえた近隣政府の提案を行っている．この動きは，市町村合併推進の立場から，市町村区域の下位レベルの旧市町村（大字）の地域に対する一種の政府機能（権限や財源を移譲すること）の有効性と可能性を検討するものとして論議された．本論文はこれらと同じく「近隣」という表現を使っているが，その地域的広がりも，論点とする課題も異なるものであることを断っておきたい．本論文では，近隣の可能性を検討するものの，近隣自治，近隣政府の制度レベルまでの言及は行わない．
2) たとえば，野沢慎司「7. 現代の都市家族」「8. 都市家族とネットワーク」森岡清志編『都市社会の人間関係』放送大学教育振興会2000年，85頁以下を参照．
3) 鈴木栄太郎『都市社会学原理』有斐閣，1957年，161-231頁参照．
4) 鈴木栄太郎，前掲書231頁．鈴木栄太郎はその注記のなかで，自然近隣はそれまでの社会的土壌によるものだけではなく，行政近隣という人為的な取り組みによっても同じような社会的つながりが得られるとして，次のように述べている．「一度出来上った行政的の地域の枠の中に，自然的な社会的統一が漸次積重なって行く事も事実である．人為的な社会的統一は，やがて自然的な社会的統一になり得るのである」．
5) 河村雷雨『都市コミュニティ論―機能的コミュニティの研究―』世界思想社，1982年，66頁．
6) 野沢慎司「9. 連帯的なネットワークと家族」「10. 解放化するネットワークと家族」森岡清志編，前掲書109-134頁．
7) 鳥越皓之『地域自治会の研究―部落会・町内会・自治会の展開過程―』関西学院大学研究叢書第68編，ミネルヴァ書房，1994年，3頁．
8) 河村雷雨，前掲書71頁．
9) 河村雷雨，前掲書72頁．
10) たとえば，鳥越皓之は1960年代に入る頃に「近隣組織としての一定程度の実績を備えた」という表現で，町内会の住民組織としての評価を与えている．鳥越皓之，前掲書20頁．
11) (財)日本都市センター，前掲報告書には，それまでの都市自治体のコミュニティ政策の展開を一歩進めて，近隣社会を基礎に，制度化を促す意欲的な調査研究の成果である．
12) なぜ，近隣社会のしくみを導入すると，集落や地域社会と自治体行政の相性がよくなるのであろうか．これまで市民活動が十分でなかった状況においては，行政サービスの効率性を高めることと，行政との親密な関係をもつことによる住民リーダーの関係住民への信頼を獲得が一致していたといえる．もっとも，これか

第1章　近隣社会における組織の解体と再生

らは近隣が関係地域の行政に直接的に接近するのではなく，近隣関係の社会的充実が結果的に，近隣と行政との接点を広げていくことになろう．あくまでも，対等関係としての相性のよさが重要である．

13) 奥井復太郎「近隣社会の組織化」『都市問題』44巻10号（1953年10月），32頁．
14) 髙木鉦作「東京都・区政と町会連合会」日本政治学会編『日本の圧力団体』岩波書店，1960年．
15) 奥田道大「旧中間層を主体とする都市町内会」『社会学評論』55，1964年，14頁．
16) 湯本誠「企業と地域社会―トヨタと地域社会の緊張と妥協」北爪真佐夫・内田司編『生活の公共性化と地域社会再生』アーバンプロ出版センター，49頁以下．
17) たとえば，森岡清志「都市社会の特質と人間関係」同編前掲書20頁．
18) 園部雅久「コミュニティの現実と可能性」鈴木広・倉沢進編『都市社会学』アカデミア出版会，1984年，315-342頁．西澤晃彦「居住点から拡がる社会」町村敬志・西澤晃彦『都市の社会学―社会がかたちをあらわすとき』有斐閣アルマ，2000年，177, 178頁．
19) 田中重好「町内会の歴史と分析視角」倉沢進・秋元律郎『町内会と地域集団』ミネルヴァ書房，1990年，36頁．
20) 田中重好，同上論文37頁．
21) 竹中英紀「町内会体制と都市社会構造―東京市1920～1943年」東京市政調査会編『大都市の改革と理念―その歴史的展開』日本評論社，1993年，123-141頁．
22) 田中重好，前掲論文39頁．
23) 竹中英紀，前掲論文148-150頁．
24) 都丸泰助『地方自治制度史論』新日本出版社，1982年，180頁．
25) 赤木須留喜『東京都政の研究―普選下の東京市政の構造』未来社，1977年，694頁以下．
26) この報告書はコミュニティを「生活の場において，市民としての自主性と責任を自覚した個人および家庭を構成主体として，地域性を各種の共通目標をもった，開放的でしかも構成員相互に信頼感のある集団」と定義した．事実上，産業優先の地域政策を進めていた自治体にとっては，生活優先の政策の切り口となった．この報告書は何度も増刷され，各省でもそれぞれの守備範囲で施策づくりに取り組むことになったといわれている．そこでの代表的なものは自治省のモデル・コミュニティだった．
27) （財）地方自治協会「地方公共団体におけるコミュニティ施策の状況」（自主研究）1978年3月，1頁．
28) 佐藤竺は武蔵野市の経験，自治省コミュニティ研究会のメンバーとしての立場から，この施策の実験的姿勢やコミュニティ・センターの建設への着眼等について説明している（佐藤竺「序―コミュニティ問題の理解のために」佐藤竺編著

『コミュニティをめぐる問題事例』学陽書房，1980 年，1-6 頁．佐藤竺「地方自治と民主主義」大蔵省印刷局，1990 年，147-160 頁．

29) ここでの「住民の自己組織力」は奥田道大が 70 年代以降のコミュニティ形成＝まちづくりの整理を通じて表現しているものと同じ意味で使っている．奥田道大『都市と地域の文脈を求めて』有信堂高文社，1993 年，137 頁以下．

30) 倉沢進は近隣社会がどのような文書からも消えたのは，コミュニティが日本語として一人歩きするまでになったと評価している（倉沢進「自治行政とコミュニティ」ジュリスト増刊特集『地方自治の可能性』No. 19，有斐閣，1980 年 7 月，218 頁）が，筆者はコミュニティ施策の実際の動向をみると，当初のコミュニティ問題にかけようとした課題が希薄化して「近隣社会」という訳語が適切ではなくなったからではないかと考えている．

31) 当時の国土の不均衡成長の下での人口と職業間移動については，次の状況認識が一般的であった．つまり，「三大都市圏を中心とする先進地域は，すでにかなりの社会資本が投入され，多様な都市機能が集積している．これに加えて，豊富な経験と知識をもった戦略的人材が集積し，産業連関のシステムが強固にビルト・インされている．さらに情報化社会にふさわしい都市機能が整備されているから，外部経済集積の利益は大きい．昭和 30 年代以降に経験した高度成長が，所得水準や教育水準の一般的上昇を媒介として，向都性向に拍車をかけたことは，ある意味で当然の帰結であった．というのは，人は職場のないところ，ないし職場に通勤できないところには定住しないからである」（伊藤善市『過密・過疎への挑戦』学陽書房，1974 年，5 頁）．

32) このようなネットワーク社会を流動型社会であり，大都市圏の周辺地域のような「流入人口によって形成された都市は，流動型社会の典型」といわれる．三浦典子「コミュニティ形成論の系譜」『都市問題』第 81 巻 2 号，東京市政調査会，1990 年 2 月，18 頁．

33) 犬田充「戦後紛争の奇跡」犬田充・長谷川文雄編著『地域「紛争」の研究―自治体の役割と合意形成の条件―』学陽書房，1981 年，13 頁．

34) 犬田充，前掲論文 25-29 頁．

35) 西尾勝は，とりまとめのメンバーとして参加した「住民運動実態調査報告書」（地方自治協会，1973 年 3 月）でもこの 2 つの争点の類型を確認している．西尾勝「行政過程における対抗運動」日本政治学会編『政治参加の理論と現実』年報政治学 1974，岩波書店，1975 年，73 頁以下．

36) 西尾勝，同上論文 75 頁．

37) 西尾勝，前掲論文 76-78 頁．

38) 奥田道大『都市コミュニティの理論』東京大学出版会，1983 年，74 頁．

39) この項については，鳴海正泰「『革新自治体時代』論」（ジュリスト増刊特集『地方自治の可能性』No. 19，有斐閣，1980 年 7 月，83-88 頁による．

40) 横浜市調査季報 150 号（2002 年 9 月発行）18 頁．

41) 国民生活審議会調査部会コミュニティ小委員会報告書のベストセラーぶりについては，佐藤竺編著『コミュニティをめぐる問題事例』学陽書房，1980 年，1 頁．また，コミュニティ・ブームについては，奥田道大ほか『コミュニティの社会設計』有斐閣選書，1982 年，2-3 頁を参照．
42) 奥田道大，前掲『都市コミュニティの理論』，24-28 頁．
43) 同上書 62-67 頁．特に，63 頁以下の「補論」においては調査結果の政策的な適用可能性について整理されている．
44) このまちづくり事例については，『ジュリスト増刊総合特集全国まちづくり集覧』有斐閣，1977 年 12 月掲載から，地域的バランスをとって抽出したものである．また，事例の名称は一部修正して表記しているので資料と異なっているものもある．
45) 田村明『まちづくりの発想』岩波新書，1987 年，52-58 頁．
46) 玉野井芳郎「まちづくりの思想としての地域主義」『ジュリスト増刊総合特集全国まちづくり集覧』有斐閣，1977 年 12 月，42 頁．
47) 高田昭彦「現代社会における市民運動の変容―ネットワーキングの導入から「市民活動」・NPO へ―」青井和夫・高橋徹・庄司興吉『現代市民社会とアイデンティティ』梓出版，1998 年，163 頁．
48) 高田昭彦，同上論文 167 頁．ネットワーキングの特性を表しているところなので，長文を引用した．
49) 奥田道大「コミュニティ施策の新展開・序論―東京都 I 区の事例を中心として」『地域開発』1988 年 7 月，7 頁．
50) 奥田道大編著『福祉コミュニティ論』学文社，1993 年，2-16 頁．
51) 越智昇『社会形成と人間』青娥書房，1990 年．
52) Bratt, Rachel G., Rebuilding a Low-Income Housing Policy, Temple University Press, p. 169, Fainstein, Susan et al., Restructuring the City: The Political Economy of Redevelopment, pp. 15-22. 平山洋介「草の根からの都市再生」鈴木浩・中島明子編『講座現代居住 3：居住空間の再生』東京大学出版会，1996 年，113-132 頁を参照．
53) (財)公園緑地管理財団「[協働]による公園づくり読本―住民と共に考える公園づくり―」2000 年 5 月発行．
54) 菅磨志保「災害救援とボランティアネットワーク―課題と展望」東京ボランティア市民活動センター編『市民主体の危機管理―災害時におけるコミュニティとボランティア』2000 年 1 月，95，96 頁．
55) 市民活動サポートセンターの設立背景や動向については，加藤美奈「協働のケーススタスディ①―市民活動センターの運営と自治体」山岡義典・大石田久宗編『協働社会のスケッチ』（市民・住民と自治体のパートナーシップ第 3 巻）ぎょうせい，2001 年，17-79 頁．
56) 丸橋敏之「横浜市市民活動オフィスにおける市民協働」『調査季報（横浜市）

152 特集／市民力との協働―そのあり方を考える」2003 年, 12-15 頁.
57) 奥田道大『都市型社会のコミュニティ』勁草書房, 1993 年, 167 頁.
58) 佐藤慶幸『NPO と市民社会―アソシエーション論の可能性』有斐閣, 2002 年, 149 頁.
59) 最近, 盛んに論じられている「市民社会」については多くの著書が出されているが, ここでは次のような認識でこの概念をとらえている. 市民社会は 19 世紀的なブルジョワ市民社会とは違うものであり, 非政府, 非資本によって成り立つ市民の生活世界を基本とするものである. 佐藤慶幸は「その制度的中軸は, 社会の生活世界領域における公共的コミュニケーション構造に対応する非政治的, 非［市場］経済的連合体［アソシエーション個体群］やボランティア諸団体によって構成されている. 市民社会は多かれ少なかれ, こうした自発的に成立するさまざまな団体・組織・運動によって成り立っており, これらは社会問題がどのように私的生活領域に影響するかを観察し, その影響を純化し, 公共的領域に伝達する」ものだとしている. 佐藤慶幸, 同上書 150 頁.
60) アソシエーションの考え方, 組織論は佐藤慶幸『アソシエーションの社会学―行為論の展開―』(新装版) 早稲田大学出版会, 1994 年を参照した.
61) 越智昇「都市における自発的市民運動」『社会学評論』147 号, 1986 年.
62) (イ)～(ニ)は佐藤慶幸「自発的結社の組織論」『現代社会学』アカデミア出版会, 2002 年, 3-4 頁においても論じられている.
63) 奥田道大編著, 前掲『福祉コミュニティ論』6-7 頁.
64) 奥田道大, 前掲論文「コミュニティ施策の新展開・序論―東京都 I 区の事例を中心として」7-8 頁.
65) この「新しい近隣」というキーワードは, 三鷹市の大石田久宗氏(生活環境部次長)にインタビューを行った際に, コミュニティ行政の今後の方向に関するものとして, 聞いたものである (2003 年 7 月 7 日, 三鷹市役所).

第2章

市民主体のコミュニティ活動の歴史的動向
— 「民」の社会的ネットワークの系譜 —

1. 最初にコミュニティがあった

(1) 生きるためのネットワークとコミュニティ
①共に生きることが人々の基本

　人間は小さくて弱いものだから，集い居住する人々同士での共同・協働を通じて，あるいは市民という外装をまとって社会に生きてきた．今日では，その人々がいきいきとしている．自由でいきいきとした市民やNPOの活動，さらには小さな地域でのコミュニティづくりが各地で行われている．これらのシーンは，これまで社会を牽引してきた資本・企業や権力・政府が，いわば制度疲労を起こし長期低落傾向から脱しえない状況と並んで登場していることもあって，一層際立っている．国家や一般社会の公共性，公益性の実現性に多くの隘路をみる中で，住民および市民グループを主体とする具体的地域での小さな公共性の実現にこそ，将来の可能性が見出されているからである．

　もっとも，このような市民やNPO活動の隆盛は世界に共通する社会現象[1]でもある．市民の活動は，その属する生活世界における対等なコミュニケーション[2]から発した自己実現の行動であり，災害や日常生活における差し迫った状況の下での「止むに止まれぬ」行為として行われるものである[3]．そこには一定の人々によって共通に認識される「共に生きる場」がある．

　1960年代に激化した住民運動にみられたように，行政に対する作為要求

や作為阻止の活動を市民による活動のメルクマールとする場合にはとらえきれなかったが、この共に生きる場というプリミティブで、人として自然の行為は社会的ネットワークの原点としての「地域」が確認されるのではないだろうか．そして、このような行為と場についての共通認識は、人が社会をかたちづくって以来、存在してきたものといえる．

②時間軸のなかの市民行動

いきいきとした市民活動やコミュニティづくりの現在と未来を考えるに当たって、歴史をふり返ることは重要なことである．断片的な現象を時間軸にとらえなおすことで、一定のストーリーが見えてくるからである．

ここでの主題としてのコミュニティ活動は、1970年前後に、地縁的地域社会におけるテーマとして注目された．また、80年代後半にはフィランソロピー活動、90年代後半からはボランタリー活動、そして2000年代では生活世界において生じているテーマを軸にした市民活動が高まった．これらの活動も広い意味でのコミュニティ活動ということができよう．そこで、この40年ほどの間に起こっている市民主体のコミュニティ活動を、歴史的にできるだけさかのぼってみたい．その助走として、明治大正期、近世・中世・古代まで立ち戻って、生活者としての「民」の社会的ネットワークの枠組みを俯瞰したい．

(2) 社会福祉史および市民公益活動史の視点

①先行している社会事業・社会福祉の分野

このような歴史貫徹的な作業は、社会事業・社会福祉の分野において先行的に行われている[4]．この研究成果は、市民的地域政策研究にとって重要である．人と地域、社会経済関係のなかでの権力、そして宗教の位置等を歴史的に整理しているだけに、古代から近代までの市民活動の政策的意義の整理にとって有効である．たとえば、社会福祉史においては、前近代の共同体規制、身分制的差別および近代以降の基本的人権の一環としての社会事業の位

置と役割が，本質的に異なることを認めた上で，そこに共通する理念や関係形成のスタイル等の追求が行われている[5]．本章の検討にあっても，同様の認識に立ちたい．実際に，古代から近代までの歴史的推移において基調となっているものの1つが相互扶助だという知見もこれらの文献から得た．

②市民公益活動の史観

ところで，本章の主題の市民主体のコミュニティ活動史に比較的近いものとして，市民公益活動の歴史的背景の分析がある[6]．これは総合研究開発機構（NIRA）から奈良まちづくりセンターに出された委託研究の成果であるが，その研究では，「困っている者がいればその地域で面倒をみるという慣行は，恐らく人類が集まって暮らすところはどこにもあったろう」[7]と述べて，古代から現代までの約1,300年に及ぶ歴史的推移の概念図をまとめている．そこには，市民公益活動としては地縁的相互扶助が一貫して存在していたことが記されており，それに恩賜型篤志活動（古代型），宗教的（仏教的）慈善が，部分的に併行して行われたことを示している．

なお，近世の後半からはそれに地域的救済活動，自主的公益活動が加わり，近代以降には，これらの活動が着実なものとなった．さらに，近代では恩賜型篤志活動（近代型），宗教（キリスト教）的篤志活動が行われた．そして，現代では第2次大戦終戦の前後に，企業の社会貢献が始まり，同じ頃に恩賜型篤志活動がなくなっているが，近年になって市民公益活動が登場している[8]．そこでの企業の社会的貢献活動や公益事業は，それが企業家の生活経験や企業が培った文化を基礎とするものだけに，共通感情に働きかける宗教と相互扶助の中間に表れるものとみたい．

わが国のコミュニティ活動の検討にとって，地縁的地域社会の代表格の町内会自治会の動向分析は欠かせない．その歴史的研究の成果としては，田中重好の「町内会の歴史と分析視角」を踏まえた．この文献は江戸期に成立した「町内自治制度」の解体から説き起こし，70年代までの期間を6期に分けてその変遷を示している[9]．

戦後以降については，地域政治の動向[10]を軸にしながら，最近の動きまでをまとめることとしたい．

(3) 市民主体のコミュニティ史の時代区分

① 3つの時代区分

さて，市民主体のコミュニティ活動の歴史をどのように区分するのか．わが国の場合には，大きくは古代以降近世までの前史，近代以降第2次大戦終結までの時期，そして戦後以降現代までの時期という3つの区分が妥当なように思われる[11]．コミュニティ活動の性格や機能に関する論点は，近代以降のものだが，前近代において蓄積・展開された社会関係の慣行や制度が近代以降にどう引き継がれているのか，何が途切れたのかを認識することは重要である．近代以降には，明治大正期においてコミュニティに関する慣行や制度等が解体され，近代化志向をもって再生され，戦前戦中期において統制社会のしくみへと変質されていく．そして，戦後には管理された戦後民主主義の下で，徐々に多様なコミュニティ活動が再生し，20世紀末期になってようやく制度化の端緒をつかむに至った．

本章では，戦後以降の動向を中心に進めるが，全体の時代区分としては，古代，中世，近世までの前近代，近代，戦後以降から今日までの3つの区分によりまとめることとする．

② 戦後以降の4区分

ところで，この第3期の戦後以降今日までの時期区分であるが，歴史の大局観とともに，市民サイドの活動を規定する事実，事件，計画，指針等を踏まえて行うことが必要である．自治史研究者の佐藤俊一[12]は戦後50年を対象にその時代区分を復興・自立期＝制度形成期（1945-55），高度成長前期＝制度運用前期（1955-65），高度成長後期＝制度運用後期（1966-75），低成長転形期＝制度改革準備期（1975-95）の4つに区分して，中央地方関係の文脈から地方分権に向かう戦後史をまとめている．また，自治研究者の鳴海正

泰[13]は,戦後からの最初の15年を第1期として,「戦後地方自治の出発と揺籃期」と名づけた．その特徴を地方自治法の施行から60年代の都市化工業化の始動にみている．それに続く15年の第2期を「革新自治体と独自政策の展開」とし,その特徴を1960年代以降の高度成長期にみている．次の15年の第3期については「地方の時代と自立体制の整備」と名づけその特徴を70年代半ばからバブル経済が崩壊する90年代初頭までとしている．そして,今日までの15年を第4期とし「地方分権体制への離陸期」とし,90年代以降の現在までの時期としている．

佐藤俊一の区分は,自治体行政とその制度の推移を検討するという見地からみて適切であるし,鳴海正泰の区分も戦後以降の地方自治をリードしてきた先進自治体の動向をとらえる視点からは有効性が高いように思われる．

③本章の戦後以降2000年までの5時代区分

それでは,本章における時代区分とそれぞれの時代の特徴をどうみるのかを明らかにしなければならない．1945年から2000年までの55年間をそこに生きてきた人々の視点からトータルにとらえると,戦後の混乱から立ち上がり,それぞれの時代における市民主体のコミュニティ活動を見出していく過程であったといってよい．そこで,戦後復興から経済的社会的自立に向かう最初の15年を第1期とし,その特徴を「既成価値の崩壊と新たな準拠枠の模索」(1945-60年)とみる．わが国の人々にとってのこの15年は,戦前から戦後の制度社会の混乱の中で,地域社会や人と人をつなぐ関係についてそれまでの価値観を見失いながらも,アメリカナイズされていく社会においてそれぞれが生きていく準拠となるべき枠組みを探しつづけていたのではないかと思われるからである．この時期の後半の56年7月には「もはや戦後ではない」というコピーを流行らせた経済白書が公表されているが,この認識は準拠枠の模索としての文脈でとらえられよう．

次の10年は,既成の産業地帯を中心にした高度経済成長期の時代となった．人口の大都市志向が強まり,環境公害問題が各地で噴出し各地で住民運

動が起こった．この第2期の特徴を「故郷喪失と利害関係の衝突（1960-70年）」にみたい．これに続く時期が経済構造の転換期を迎えたということもあって，社会は徐々に足元・内向き志向となる．2度のオイルショックによって成長の夢とライフスタイルが破られる一方で，ミイイズムや生活志向が高まる．そのために官製のコミュニティが政策目標に掲げられ，意外にもあっさりと社会に受け入れられた．また，生活経験を基礎にした自主的まちづくりもこの時期にスタートし，地方の時代が提唱されている．このような第3期の特徴を「地域社会の再生と自主的まちづくりの始まり（1970-80年）」にみたい．

80年代に，日本人はバブル景気に酔った．だが，その半面で市民としての自信をもって行動する時代でもあった．心地よいジャパン・アズ・ナンバーワンを伴奏にして，地縁や職縁よりも知縁の大切さが認識され始めていた．また，都市の魅力や景観とともに，市民学習にも関心が高まった．市民活動という言葉が，住民運動，市民運動とは違った意味合いで使われるようになるなど，市民が独自性を示し始める時期でもある．そこで，この第4期の特徴を「市民としての学習と新たなネットワークの形成（1980-90年）」と見ることにする．第5期は地方分権改革の動きが本格化するとともに，ボランティア活動，フィランソロピー思想等が確認され，ようやくNPO法も施行されている．そこでこの時期の特徴を「市民主体のコミュニティ活動の本格化と制度インフラの充実（1990-2000年）」ととらえたい．

2. 前近代における相互扶助・慈恵・慈善

(1) 古代・中世社会の動向
①古代社会の相互扶助と慈恵・慈善

圧倒的に生産量は少なく行動半径も狭かった古代社会において，生活はすべて共同体関係の中で処理されていた．生産手段，労働，生産物はメンバーの所属する共同体の共有であり，共同体内部で平等に分配された．そんな社

会だから，好むと好まざるとにかかわらず，人々は共同体的相互扶助とその裏腹の関係にある共同体的掟に従って生きていた．そこでは血縁と地縁が扶助の原点であり，それによって生じる関係がコミュニティのすべてであった．この状態は長く続き，階級差別をもたらしながら，原始共同体は解体・再編に向かうが，共同体関係は温存されたまま古代国家に従属する．

　天皇制国家，律令国家の成立により，かんばつ，洪水，凶作，飢餓，災害のような天変地異による罹災とともに，共同体をめぐる体制変革による社会的貧困に対しても政治的宗教的救済がなされるようになる．それでも基調は共同体的相互扶助であって，それに加えて政治的慈恵としての恩賜と宗教的（仏教的）慈善が実施された[14]．

　公的救済制度の初発とされる「戸令」(718年)には坊・里の地域組織の制度が規定されていた．「坊」は京（中央）の地縁組織で「里」は地方の地縁組織であり，ともに戸数5戸で構成される「保（ゆい）」を下位に位置づけていた．また，複合的な家父長制大家族の「郷戸」が共同体の機能的単位となっていた[15]．つまり，救済主体は近親者と地縁関係であり，救済は彼らの連帯責任とされた．この時期には律令国家が地縁的組織を掌握していたといわれるのだが，生存にかかわるコミュニティもここに垣間見える．そこに，5世紀頃に大陸から入ってきた儒教思想を背景に，政治的慈恵としての恩賜と仏教的慈善のネットワークが付加された．古代社会での恩賜としては，飢饉や災害の発生，国家の慶事における天皇や皇后による困窮者への米等の配布として行われた．仏教的慈善としては，摂政という地位にあった聖徳太子による救済活動が有名である．また，民間福祉の始祖ともいわれる行基によって布施屋（使役のために移動する飢餓者，病人，逃亡者を救済する施設）の活動，農業土木や架橋等の整備が行われている[16]．

②地域的つながりが重視された中世社会

　わが国の歴史では中世の社会は，鎌倉，室町，安土・桃山時代の約400年を指すが，古代統一国家の分裂と混乱により形成されたものであり，分散的

で流動性の高い社会であった．この時代においても，大きくは自然災害や突然の危害に対して，集まって住む人々の相互扶助，政治的慈恵，宗教的慈善の3つの枠組みが見られた．

このうちの相互扶助は，中央集権的機能の後退，農民層の成長等から，それまでの共同体的規制を超えて地域内での相互援助の組織を形成していく．たとえば，農村部の隣保互助組織の「保」は鎌倉時代から生じ，五人組制度も安土・桃山時代に現れている[17]．また，入会地や水利の共同利用，村の寺社の共同運営，娯楽の村興行，共同風呂の設置，寺社修築の講組織，庶民金融の頼母子講などが，各地でいわば自然発生的に行われるようになった[18]．一方，都市部でも地域組織化が進んだ．京都の町では応仁の乱（1467-77年の10年）の廃墟から武士団等による暴力に対応して生活の安全を守る隣保団結の地縁団体の「町組」が結成された．戦国時代の武士や農民の土一揆から自らの地域を守る地域防衛の機能を認識し，都市に形成されつつあった商工業，金融業の「座的組織」を前身としていたという[19]．この京都の町組は信長により屈服させられ，町統治の手段に町組が使われ，秀吉の時代にかけて急速に繁栄し広がっている．

政治的慈恵は中央政治が武家政権に受け継がれても，貧民救済事業等を「仁政」「善政」と位置づけて，政権の正統性の根拠としていた[20]．宗教的慈善は仏教が国家から自立するなかで，大量に発生した餓死者や浮浪者への人間の平等な宗教的救済を説くようになる．慈善の様式は古代社会に行われ土木事業，病院経営，施粥等を行っている[21]．また，16世紀には，カトリック宣教師による京都や港町を舞台に慈善活動，文化活動が展開．ジェスイット会の修道士は長崎などにミゼリコルディア（慈悲の組）と呼ばれる共済組織をつくり，育児院，病浣，教育研究施設等を設けた[22]．

(2) 近世社会の動向
①地域組織の交代と多様なネットワークの登場
近世の江戸時代は，地方に封建的分権の基盤を残したまま，幕府による集

権的支配がなされ,全国市場を対象に機能する江戸,大坂,京都とそれ以外の地方都市（城下町）および市場の有機的結合をもたらしていた[23]. 中世に出現した多様な地域組織は,幕藩体制の下で画一化されており,形式上では継承されていない. それらに代わって,五人組制度が全国に張り巡らされた[24]. しかし,江戸時代も後半以降になると,商人等による私的利益の公益的還元等の支援が開始されるなど,多様なネットワークが登場している. また,古代社会から強い影響力をもっていた政治的慈恵と宗教的慈善はこの時代にも引き継がれているが,役割としては後退している.

この時代を代表する地域組織の五人組についてふれておこう. 五人組を基礎とする農村や都市の結びつきが,この時代における代表的な地域的相互扶助と共同責任のしくみであった. たとえば,村には村掟,村極,村議定等の村法があり,これに違反した場合には村八分,所払等の制裁があった. その組織体制としては,村の長である名主,庄屋,肝煎等の最高職があった. その下に組頭,年寄,さらに一般村民の代表としての百姓代があり,村落支配の最小地域単位が五人組であった[25]. 五人組は地主・家主の組織であって,多数の住民は彼らに従属する地位に置かれていた. 京都では,五人組の事務事業は次の11に及んだという. ①触れの伝達,②警察事務（浪人・耶蘇教徒の取り締まり,外来者の身元調査など）,③町内居住者の整生（家屋敷の売買・借家の手続など）,④自衛手段の整備（木戸,番小屋の管理,自身番の指揮）,⑤防犯,⑥防火・消防,⑦訴訟・出願の事務,⑧相続の公証,⑨金銭貸借の保証,⑩戸籍事務,⑪町財政の運営・管理[26]であった. もっとも,17世紀末には,この事務事業は資金や人材の面から担えなくなったともいわれている[27].

②閉鎖的なしくみが変わる

ところで,このような組織やしくみが実施されている町は,空間的にも社会的にも,閉鎖的にならざるをえない. 五人組制度を実施している地域では,区画された町内と町内の境界部には木戸が設けられ,その出入り口には「自

身番屋」があって、そこには専従の番人が配置され、夜間には木戸が閉鎖されていた[28]。

この空間に新たな活動が登場する。後に民間公益活動として分類されるものである。江戸時代も後半になると、商人などの富を蓄えた人々によって様々な民間公益活動が行われたが、その代表的なものは民間教育機関としての手習塾（寺子屋）、私塾がある。大坂の懐徳堂は町人の学問のために町人自身が設立し支援した塾であって、5人の大坂商人の拠出金を基本財産として運用された。

③弱者救済は正統性の要素

近世社会の政治的慈恵は、それまでと同じように、儒教思想にもとづく徳治、仁政として行われた[29]。弱者を救う活動を行うことで権力としての正統性を確認していたといえる。幕府だけではなく、諸藩においても自然災害や大火等の被災者や困窮者には救金（米）、施粥等が行われている。幕府や諸藩は、江戸時代の後半になると、備荒対策として新たな救援のしくみを作り出している。

現代でいえば、官民協働のしくみである。たとえば、江戸町会所（1792年設立）は、住民が町会費を節約して、積み立てた七分積金に幕府の公金を加えて設立したもので、備蓄、融資、窮民救済に関する初めての公的制度であった。これは幕府の監督の下に、年番年寄数名が運営に当たったのだから[30]、防災・防貧と復旧のための「公設住民営」のしくみということになる。また、各地の城下町や村落では社倉、無尽講のような自衛救済のしくみが作られた。民間人の発意によるものとして、秋田感恩講が著名であるが、この組織は農民の窮乏を憂いた商人が藩主に献金し、それに商人仲間が共鳴・呼応して基本財産がつくられたものであった。これも官と民の協働のしくみである。この時期の自助的相互救済・支援のしくみとして、二宮尊徳の指導により関東地方に生まれた報徳社がある。このしくみは明治以降大正期までに全国に広まった。

ところで，宗教的慈善の分野では，政治的な性格をもたない私的な慈善として，江戸大火後の罹災者救済，大坂・京都における流民や飢餓者に対する仏僧による施粥等が行われている[31]．だが，このような古代社会から続けられてきた宗教的慈善による救済活動は力を失っていく．つまり，江戸時代にはカトリックが禁止され，仏教はこの時期に発達した檀家制度による内向き志向によって，その慈善力を喪失していたのである[32]．

3. 近代におけるコミュニティ活動

(1) 地域組織の解体と再生，そして戦時統制へ

①江戸期地域組織の解体

明治期になると，維新の一連の改革や大きな社会変動により，江戸期の地域組織が解体していく．まず五人組の廃止とその物的条件に手がつけられた．町内という地域社会の空間を物的に区分し，町内の内と外を明確にしていた自身番屋，木戸の締め切り刻限を廃止した．また，五人組の機構としての町年寄，名主の制度，町火消まで廃止し，それに替えて小区を設けた[33]．それまでは五人組によってコントロールされていた地域が，明治新政権の最末端の行政単位の区画にされたわけである．この制度上の変革には，わずか数年の期間を要したにすぎないが，社会的にはその後着実に変わっていった[34]．

②近代の地域組織再生

明治期の後半になると，東京での地域組織として，民衆参加の衛生組合と地域の有志的団体の結成が注目された[35]．衛生組合は衛生という限定された領域であっても，江戸期の町内社会で行われた地縁的な取り組みを対象地域に求めたものであり，有志団体の結成はより総合的な地域組織形成の準備のものだと解釈されている[36]．

大正期の半ばから，東京市に町内会[37]が整備されはじめる．日露戦争後の時期から，わが国社会は急速な近代化過程の下で変貌を開始した．産業資

本の形成が進む中での人口の流動化と都市集中である．第1次大戦前後の時期には大都市部で居住・都市問題が噴出し，米騒動にみられる社会不安の露出等が国内各地で起こっていた．たとえば，そのような状況における東京市の最初のアプローチは，社会教育上の要請，都市問題の深刻化への対応として，グラスルーツの民衆組織から繰り出される「良民」の創出を課題としていた[38]．また，これは1925年（大正14年）の普通選挙制度の実施との関連も大きい．普選に対応した政党による大衆の組織化の失敗という社会状況があり，それを補うために町内の有志団体への全戸加入に力をかすことで，支持基盤にしていく政治サイドの意義があったという[39]．

③東京市の町内会制度の組織化

この時期の東京の全域に町内会制度を組織化する理由・背景としては，次の5点があげられている．つまり，①震災後の土地区画整理と町名整理という課題が町内会の必要不可欠な役割を求めたこと，②社会福祉政策の実施基盤として町内篤志家より選ばれる方面委員，民生委員の設置を新たに町内社会に求めたこと，③軍事整備に向けて民衆の組織化が必要であったこと，④選挙粛正・浄化に関する役割の地域的機能を町内会に求めたこと，そして⑤住民サイドに納税と行政事務を受託できる主体を求めたことであった[40]．

1930年代の後半になると，わが国の社会は戦時色，統制色が強くなる．その過程において町内会は戦争遂行の目的のために，官と民の中間的な性格が剥ぎ取られ，終戦まで国家的動員や統制の細胞として再編され活用された．1935年（昭和10年）頃までに，東京市の町内会ではそれによる地域的な組織化も民衆の組織化も完了していた[41]．

④行政の下部組織化となる町内会

1938年（昭和13年）には，町内会の画一化を目指して東京市長告諭「町会規準」「町会規準準則」が提示され，東京社会での国家総動員体制づくりが行われた．町内会の目的，名前のつけ方，区域設定の仕方，会員資格，規

約，役員，会費，隣組の設置がどのような地域でも共通化するように定められた．次いで，1940年（昭和15年）に内務省訓令第17号により「部落会町内会整備要領」が発せられた．これによって町内会は完全に市町村の下部機構に組み込まれた．その後の1943年（昭和18年）の市制町村制の改正によって，市町村長は市町村の事務の一部を町内会長やその連合会の長に処理させることが可能になった．また，その前年の8月には，町内会はすでに大政翼賛会の下部組織に位置づけられていた．ここから町内会は，単なる地域組織ではなく，戦時体制下の包括的な全世帯加入の官治的組織となった．町内会による金属回収，貯蓄，国債の消化，防空設備の整備，納税業務，切符の割り当て，登録手続等の全国各地で同一条件によって進められる業務の実践単位ともなった[42]．

(2) 民間企業等による公益活動

①教育支援の企業財団の登場

目を転じて，公益活動という特定課題についての明治大正期の一断面にふれておきたい．たとえば教育に関して，明治初期には旧藩主等による育英基金の設立が各地で見られた．大正時代には，各地に新たな地方財閥が育ち，それぞれの地域の市民感覚をもって，各地に財団が設立され，教育支援が行われた．また，この時期に全国規模の学術研究支援として，森村豊明会，啓明会が，社会事業支援として原田積善会，安田修徳会が生まれている[43]．

②社会問題対応の民間研究所

第1次大戦後の多くの社会問題の発生に対して，民間の企業家の支援等が行われた．たとえば問題対応のための調査研究等による支援としては，大原孫三郎による大原社会問題研究所，都市問題に関しては安田善次郎と後藤新平による東京市政調査会[44]が発足した．ともに研究機関であるが，当時の官の取り組みの空白の部分をうめ，今日に至るまで，それぞれの分野の知のネットワークの柱となっている．

(3) 近代における恩賜型篤志活動と宗教的慈善

①恩賜型篤志活動

明治期を迎えて，古代社会における天皇の恩賜活動と類似の活動が盛んに行われるようになった．明治初期の博愛社（後の日本赤十字社）の設立と運営はその典型例であった．皇室の慶事や弔意を契機とした恩賜金が社会事業のために民間に下賜されるなど，戦前の困窮者救済活動は皇室の役割が大きかったという．政府の手に余る課題は，古代社会と同じく政治的慈恵により対処しようとしたのである．また，多くの都道府県では恩賜金に一般からの募金を加えて，恩賜慈恵救済の基金が設置された．

②宗教的慈善活動

一方，宗教的慈善としては，キリスト教，特にプロテスタント関係の役割が大きかったといわれている．明治初期における社会福祉施設の設置，明治中期の下層都市民へのキリスト教関係者の支援が盛んであった[45]．

(4) 近代における「民」のネットワーク

明治期から昭和の終戦までの約80年を近代としてとらえると，この間は戦争の時代であり，国家の時代であって，官が主導する社会づくりが行われる時代であった．そのような中での民のネットワークは，地域における相互扶助，相互援助を基礎に，国，企業，宗教，あるいは民間公益活動を介したものであって，その多くは縮小せざるえないものあった．

地域における相互扶助，相互援助の関係は明治期の後半から大正期の半ばまで，市民の自発的活動の側面が見られたが，結局は戦争の世紀として国家の枠組みに組み伏されてしまう．また，この時代に民間公益活動が始まるのだが，制限的な状況において展開されており，単に可能性の芽生えを示すにとどまった．

4. 戦後以降のコミュニティ活動

(1) 既成価値の崩壊と新たな準拠枠の模索 (1945-60年)
①既成価値の崩壊の中の血縁・地縁関係

太平洋という，とてつもない広がりの地域で10数年にも及ぶ総力戦争に敗れた国民は，戦地から疎開地から本土に故郷に帰っていった．この時代には，その物理的に大きな移動とともに，多くの国民は不確定な戦後という社会条件での新たに生きる場に向かうことを余儀なくされた．それまでの帰属していた社会や空間を失い，将来の社会動向や方針等を決める価値判断に迷いながら動き出していた．すでに，既成の価値観は崩壊しており，人々が集まっていくところは，主に血縁関係，地縁関係により成立している場であった．一時的にしろ，この時期には血縁・地縁の関係が集まる場としての信頼を取り戻していた．そのためであろう，当時の町内会の事務所は多忙を極めたといわれている．「1945年，46年の時期は，戦時中のどの時期よりも，町会の処理する行政事務の量が増えているという東京都庁の説明を，CIEの報告は紹介していた」[46]という．

②町内会廃止・禁止

町内会は47年1月に内務省訓令第4号により廃止が決定され，その年の4月から実行に移された．そこでは，町内会ばかりではなく，より下位の地域組織の隣組，同格の部落会，数町内会を束ねていた連合会も廃止・禁止された．また，町内会の機能の一部になっていた納税組合や衛生組合も廃止されている[47]．すでに述べたように，当時の町内会は戦時体制下の市町村の補助的下部機構になっており，従来からの地域組織としての機能に加えて，戦争遂行のための機能，そして市町村の下部機構としての機能を併せ持っていたのだから，戦時社会システムの解体を目指す占領下において，その存在が許容されないのは当然のことであった．

この廃止・禁止によって，その下部機構としての役割は市町村の事務事業として取り込まれ，町内会に残ると想定される地域組織としての機能は，新たなボランタリーの組織 (the formation of free voluntary organization of citizens) として再結成されることが，GHQ の担当者には，予定されていた[48]．実際の地域組織としては，GHQ によって想定されたようなボランタリーな組織ではなかったが，「自主的な住民組織」や「連絡員制度」という形の町内会的なものが登場した．

③町内会の実質的存続の理由
　町内会が実質的に存続した理由として，田中重好は次の6点をあげている．(a)政府，地方団体の担当者は，占領軍の命令に，形式的に従うと考えていた．(b)行政能力低下の実態の中で，下から支える町内会的なものを失うことはできなかった．(c)生活物資の配給，地域の秩序維持に町内会が必要．(d)敗戦によって，住民の生活圏が狭くなり，相互扶助を必要とし，そのしくみとして町内会が求められた．(e)町内会の指導者層が，正当性をもって，存続する組織として残った．(f)大正末から昭和20年の間に，町内会の存在の正当性を獲得していた[49]．

④町内会禁止の失効直後に7割の町内会浮上
　1952年4月，平和条約と日米安保条約が発効し，わが国は占領体制から脱した．これによって町内会の禁止が失効し，個々の市町村がそれぞれの地域社会の実情に応じて対処することとなった．この翌年10月に開催された全国都市問題会議（第15回・東京市政調査会と全国市長会・神戸市開催）の議題の1つは「市民組織の問題」であった．その会議資料には，当時の都市における町内会等，連絡員等，特定分野の地域組織，自主的市民組織の設置に関する調査結果が掲載されていた．それによれば，町内会等の設置都市はすでに68％に達していた[50]．

⑤町内会以外の市民的組織の動き

ところで，町内会が形式廃止・実質存続という状況にあった頃，他の市民的組織はどのようになっていたのであろうか．戦後すぐに，全国各地に多様なサークル運動団体が噴出したという[51]．当時，GHQ・CIE（民間情報局）がアメリカの市政改革団体を参考に，「より良き政治の会（better government association）」を自治刷新組織として設置することを推奨していた．これは個人参加ではなく，商工会議所，婦人団体，労働組合などの代表者の参加をイメージしていた．

1951年末までに，近畿圏を中心に48市83町2村で結成されたものの，占領終結とともに，これらの組織は自然消滅したという[52]．たしかに戦後の占領政策によって，市民・住民の活動を中心とした数々の新しい民間非営利活動が誕生し，公民館活動，子ども会活動等の新しい住民活動も活発化した．ただ，それらは市民の支持基盤を確立できないまま，GHQ主導の行政の枠組みで制度化され，その他のものは多くが要求・反対運動にとどまった[53]．50年代の後半になると，地域居住組織の必要性が提起されるが，その事例として1957年に東京都渋谷区の母親（PTA）が子どもの教育のために鳩森小学校近辺の連れ込み旅館の撤廃運動に成功したこと，1956年に葛飾区小谷野地区でお母さんの教育環境を守る運動成功などが報告されている[54]．

(2) 故郷喪失と利害関係の衝突（1960-70年）

①東京へ

60年代のわが国の社会では，朝鮮戦争による特需景気等をバネに，戦前までに形成されていた産業地帯を中心に生産力が強まった．その勢いは新産業都市開発等による工業化や大規模工業開発を誘発し，深刻な環境公害問題に見舞われながらも未曾有の高度経済成長を続けていた．その背後には，金の卵といわれた中卒者が集団就職列車により地方から大都市に向かう姿の年中行事があり，大都市や工業地帯は交通渋滞と煤煙の町となっていた．産業経済優先の時代において，国土の地方部では故郷喪失が，都市部では環境公

害問題が社会問題となっていた．

②住民運動の噴出

60年代の初めには公害は全国化しており，農漁民への工場排水による河川・海域汚染，都市住民に対しての大気汚染と騒音が襲っていた．また，下水道，し尿処理，ゴミ処理等の未整備も都市公害を顕在化させる一因と指摘されていた．そして，すでに前章の地域紛争・住民運動の項に具体的にふれているように，国土は公害列島とよばれるようになっていた[55]．このような状況下で住民運動が全国各地で起こった．

住民運動の特徴として次の6点が観察されていた．すなわち，(a)地域生活者としての個々の住民により自然発生的に組織化された運動．(b)個別具体的な要求を契機とするために，どうしてもエゴイズムがむき出しになる．(c)既成の制度上の地域とは異なる活動の地域が認識される．(d)日常生活における要求の共通性を基盤とするために，無階級的，脱イデオロギー的，脱政治的傾向を示す．(e)物理的実力行使という「一揆的」行動をとることが多い．(f)個別利害→社会的利害→社会的価値→個人的態度（権利意識の醸成）といった運動過程において参加者の意識や態度の変容を促したという[56]．ところが，60年代半ばの高度成長期後期になると，社会開発が提起され，生活圏形成論が展開されるようになる．1973年のNHK調査によれば，公害発生に際しての活動が減少し，依頼派や静観派が増加した[57]．その理由は住民運動の組織は事後的なものであって，制度化されたものでなかったこと，単なる消費的主体性から生活者主体性へという転嫁に対応するビジョンを明示しえなかったこと等がその理由であったという[58]．

③一万人集会の提案

この時期は，すでに第1章においてもふれているように，革新自治体の登場期でもあった．たとえば，1963年の横浜市長選では飛鳥田一雄が初当選している．飛鳥田市政誕生は都市膨張の時代の血縁，地縁のない新住民の孤

立を背景にしていたともいわれている[59]．その市長選挙で飛鳥田は「市民へ
の手紙」[60]として，一万人市民集会を提案していた．つまり，一万人市民集
会は「1万人の代議員は公平に，150万市民の中から選び出すことにしまし
ょう．いままでのように，その地区の名士や顔役や金持に片寄るようなこと
があってはなりません．年代的にも，人口比例をとりましょう」[61]という発
想で取り組まれることになった．集会に実施方法案もつくられており，横浜
市文化体育館で総会を行い，市内の24会場で13の分科会を行うことが予定
されていた．だが，一万人市民集会案は64年，65年，66年と市議会に提案
され，すべて否決された．飛鳥田市長の再選後の5月に一万人市民集会を内
容とする「横浜市市民集会条例案」が提案されたが，依然として少数与党で
あって，市議会本会議で否決された．

④横浜市区民会議

そこで，2期目の市長選挙母体となった「市長と市民の会」は67年7月
に自力で一万人市民集会を開催することを決め，10月22日に約7,000人の
市民が参加して市民の集会が開かれた．このうち約2,000人は横浜市民から
無作為で選ばれた人々であった．同じ「市長と市民の会」は1970年6月28
日に第2回目の一万人市民集会を開いている．その際に，問題別分科会以外
に，2つの行政区を1つとした地域としての7地域別の会議が開かれ，それ
ぞれ200人前後の市民が参加した．この地域別の会議が，後の「区民会議」
の基礎となった．1971年4月の統一地方選挙で飛鳥田は70％の得票率をも
って3選された．その6月の施政方針において区単位の市民参加構想が明ら
かにされた．横浜市の区民会議は74年4月に旭区区民会館での開催を最初
に実施された[62]．

⑤市民参加の模索

60年代からの革新首長の特徴の1つとして，中央への抵抗とともに広聴
→対話→参加という市民参加の流れを進めたことを確認しておきたい．この

時期にあっては革新,保守を問わず,多くの自治体で参加の実験が行われていた．70年代以降において,長期計画の策定から実施段階までの市民参加,市民主導を貫いた武蔵野市の市民会議・市民委員会方式,習志野市の「地域会議・地域予算会議」（市職員の地域担当制,地域諸団体の代表）が著名な事例としてよく取り上げられていた．

(3) 地域社会の再生と自主的まちづくりの始まり (1970-80年)

①地域アイデンティティ探し

　高度成長末期に続くこの時期は,経済構造の転換期を迎えたということもあって,社会は徐々に落ち着きを見せ始めていた．産業優先から生活重視への転換点の時代でもあった．また,生活経験を基礎にした自主的まちづくりや地域主義を理念としたシマおこし,まちおこしもこの時期に始まり,地方の時代も提唱された．前の10年がテーマ探しのものであるとすれば,この10年は地域化,地域のアイデンティティ探しの10年ともいえる．

②近隣社会の提案

　第1章においてふれたように,1969年の国民生活審議会・コミュニティ問題小委員会は「コミュニティー生活の場における人間性の回復」を発表した．これをきっかけに地域社会,コミュニティに関する論議が高まった．1971年に,文部省・社会教育審義会の答申「急激な社会構造の変化に対処する社会教育のあり方」でコミュニティを中心にすえた公民館活動を提起している．事態を動かしたのは,71年に示された自治省事務次官通達「コミュニティ（近隣社会）に関する対策要綱」である．そのインパクトについても前章で述べた．この要綱により,71年から73年までにモデル・コミュニティ83地区（都市地域36,農村地域47）が指定．指定地域では,自治体行政と対象地区住民がコミュニティ計画を策定した[63]　自治省のモデル・コミュニティ事業の効果としては,(a)自治体計画にコミュニティ計画や施策が盛り込まれるようになったこと,(b)既存の公共施設整備事業では満たされ

ない施設需要を満たしたこと，(c)それまでの別の法律に基づく類似施設の並列状態をコミュニティセンターとして複合化したことが挙げられている[64]．

③コミュニティ行政の先進都市

ところで，革新自治体のコミュニティ行政は自治省のラインを超えた独自性を見せており，その双璧として，東の武蔵野市，西の神戸市が注目されていた．武蔵野市は長期計画策定のための7つの市民委員会を立ち上げ，その中の1つのコミュニティ市民委員会は，市民参加によるコミュニティ施設づくり，多目的施設化，市民の管理運営方式を打ち出し，全市8地区にコミュニティ市民会議を組織した[65]．神戸市は50年代末から学校開放，学校公園化の実験に取り組んでおり，65年策定の総合基本計画では近隣住区の概念とそれにもとづく整備を進めていた．

1977年に報告された自治省「コミュニティ形成のための長期展望調」では，コミュニティの将来として，依然として町内会・自治会がイメージされていた．1980年に公にされた自治省全市区町村調査では，全国の88%の行政区域に町内会・自治会が組織されていることが示されていた．このようなコミュニティへのテコ入れに関して，田中重好は「少なくとも，町内会の一方的な衰退に歯止めをかけたといいうる」との評価をしている[66]．その一方で，この時期には市民主体の自発的活動を基礎にした市民「活動」が活発化し始めていた．公害防止運動，自然保護運動，消費者運動から，次第に福祉，教育，環境へと展開し，やがて健康，文化，国際交流，国際協力という分野へと独自の発想による市民活動が各地で生まれた．

(4) 市民としての学習と新たなネットワークの形成（1980-90年）

①ネットワーキングの受け入れ

80年代におけるわが国の市民活動を突き動かしたのは，「ネットワーキング」であった．82年にアメリカで出版され，84年1月に国内でも翻訳されたリップナックとスタンプスの著書『ネットワーキング―ヨコ型情報社会へ

の潮流』(社会開発統計研究所訳)が引き金となったといわれるが，この図書は資源の利用，学習，介護，コミュニティ等に関して自由な結束関係の形成を教えた．この活動のスタイルは，70年代以降に沈潜化していた社会的活動の世界を「もう一つの社会」として，生き方だとして社会に浸透させることになった[67]．

②人と地域の関係がテーマ

70年代後半に，国土計画は三全総の概案等を通じて，それまでの工業開発重視から人間居住環境重視に大きく舵を切っていた．水系や自然，環境というそれまでの自治体の規模をこえる計画地域を用意して，人と地域の新たな関わり合いをどうつくるかという計画課題を提起した．そこでは，地縁エリアからの地域ではなく，生活の文化やスタイルを根っことしての地域を探し，地域の個性探しが行政において行われることを示していた．87年には四全総が策定され，東京一極集中是正とともに，交流とネットワークが主題となった．89年からの2年間では，地方交付税の不交付団体を除く全市町村に，一律1億円のふるさと創生資金が交付され，全国各地で多くのふるさと創生のイベントが開かれた．

③「この指とまれ」の市民活動の広がり

さて，ネットワーキングである．この自己改善運動を内包させた社会的活動がこの時期に飛び出している．かつてのような深刻さや社会とのつながりを常に意識するのではなく，市民が何かをしなければ，あるいは学習しようとする衝動の下で，「この指とまれ」の感覚的なつながりとして始まり，全国に広がっていった．これは組織的ではあっても組織ではなく，「ココロザシ」や共感を素にした集団行動を特徴としていた．「支配，指令，ヒエラルヒー，効率性，画一的平等性，非人格性などによって特徴づけられる官僚制組織の対極にある」ものであった[68]．地域づくりの分野では，これはおそらく日本人が初めて経験するアソシエーションの感覚だと思われるが，市民活

動に参加する対象者数を大きく増やすこととなった．市民活動を全国化していく担い手は，官ではなく，民であった．それも民間企業ではなく，市民であった．

(5) 市民主体のコミュニティの本格化と制度インフラ（1990-2000年）

①注目が集まる市民活動

90年代は市民主体のコミュニティ活動の時代となるが，それは冷戦構造の終焉とともにやってきた．それまでの東西対立の思考や「反体制運動は急速に衰退しはじめ，非力で小さなグループでしかない市民運動が運動の一般的形態となりだした」[69]という．市民主体のコミュニティ活動が，自立的に動き出す時代が到来しているということだ．高齢化社会対応への本格稼働として，担い手を市民とする在宅福祉とそのための市町村への権限移譲もこの時期に始まっている．

戦後以降，これまで繰り返し提案されてきた地方分権改革が90年代後半になってようやく動き始める．93年6月には，国会による地方分権決議が行われ，その後5年間の時限立法として地方分権推進法が制定され，地方分権推進委員会による提言等が精力的に行われた．また，95年1月に阪神淡路大震災が起こり，その救援活動におけるボランティア活動等市民の行動の有意性を確認され，NPOの制度化かが一気に動き始めた．中央と地方の関係と市民自治の両方がつながりなく，ほぼ同時に新しい制度化に向けて動いていたわけである．

②市民活動の制度化

98年3月には，NPO法が成立し，12月に施行された．同法にもとづいてNPOは全国各地で発足し，2003年3月に1万団体を超え，2008年4月には3万4千団体を超えている．

90年代後半における市民と行政，市民活動に関するインフラ整備に関する動きを横浜市にみておこう[70]．横浜市は96年度から市民と行政のパート

ナーシップモデル事業を開始した．コミュニティの中間的しくみづくりが地区行政のレベルで試みられた．翌97年度から99年度までに，「横浜市市民活動推進検討委員会」が設置・運用され，2000年には市民活動推進条例が制定，さらに市民活動支援センターが開設され，市民活動推進助成金も設けられた．

5. 「民」のネットワーク特性

①国家，宗教，市民の自力が救済のしくみ

こうした議論を閉じるに当たって，まとめとして次の4点を指摘しておきたい．第1点は，わが国には「民」の社会的ネットワークとともに，政治的慈恵，宗教的慈善があって，歴史はその濃淡，強弱をみせてきたということである．古代（人間が生まれてからと言ってもよいかもしれない）から「共に生きる場」＝相互扶助・支援の社会的ネットワークがあったのだが，広域的社会の形成による古代国家の誕生と支配の継続の中で，国家的慈恵と宗教的慈善が参入していった．それによって，「共に生きる場」は自力，国家，宗教の三元的救済が行われるようになり，それが長く続いた．見方によっては，それは現代も続いているのかもしれない．

②現代は市民が前面に出ている

第2点は，この三元的救済には時代の流れにおいて濃淡があって，現代は自力＝民の社会的ネットワークが前面に出ている時代だということである．つまり，政治的慈恵と宗教的慈善はその分だけ後退，あるいは役割が淡白になっているわけである．

③市民ネットワークの成長可能性

第3点は，その民の社会的ネットワークの時代が戦後民主主義による個の尊重と主体化の思潮によるものであって，すでに半世紀以上の歳月を経てき

た．この時間の中で，「共に生きる場」を自力でつくる社会的ネットワークの形成と維持の経験が，各所で行われ，それを継承しながらの世代交代も進んでいる．そこには形には依然として見えないが，生活文化としてのコミュニティが形成されているように思われる．加えて，最近の市民として活動する枠組みへの挑戦の事例は，それがこれからも成長する可能性を示しているといえよう．

④民の社会的ネットワークに期待

そして，第4は明治期に官から生まれた自治体行政の内容と手続きが，民の社会的ネットワーク側からの読み替えが進められ，民の社会的ネットワークを基礎に地域的経営システムの再構築が行われていることである．確かに，90年代後半からの地方分権推進は，自治行政の地域化市民化を促しているが，それだけにとどまらず，「共に生きる場」へ参加しそこでの扶助や支援にかかわる意味を見出す住民・市民の自治的活動があり，その姿の発展的未来像がその地域を豊かなものにする可能性を進取の首長や都市経営担当者が見極めているからに他ならない．

注
1) たとえば，レスター・M.サラモン（米国ジョンズ・ホプキンス大学教授）を中心とする非営利セクターの国際比較調査が1990年に行われ，ボランティア団体，民間非営利組織，非政府組織の創設が著しい状況であることが確認されている（初谷勇『NPO政策の理論と展開』大阪大学出版会，2001年，1頁）．
2) 生活世界の意義については，佐藤慶幸『NPOと市民社会：アソシエーション論の可能性』有斐閣，2002年，143-145頁参照．
3) ボランタリーな行為というのは，一定の状況の中で「止むに止まれぬ」として行われるもので，通常の行為のような目的を前提として行われるものではないという見方があり，市民活動を推し進める心理的一面であろう．鳥越皓之「ボランタリーな行為と社会秩序」佐々木毅・金泰昌編『公共哲学7 中間集団が開く公共性』東京大学出版会，2002年，238，239頁．
4) 本項の作成に当たって参考とした主な文献は，吉田久一『日本社会事業の歴史全訂版』勁草書房，1994年，仲村優一他編『講座 社会福祉2 社会福祉の歴

史』有斐閣，1981 年，池田敬正『日本社会福祉史』法律文化社，1986 年参照．
5) 池田敬正，同上書 6 頁参照．
6) 奈良まちづくりセンター「市民公益活動基盤整備に関する調査研究」総合研究開発機構，1994 年．
7) 同上書 6 頁．
8) 同上書 7 頁．本文は筆者が概念図を読み取った内容を概括的にまとめたもので，概念図作成者の認識とのずれはありうる．
9) 田中重好「町内会の歴史と分析視角」倉沢進・秋元律郎『町内会と地域集団〈都市社会学研究叢書②〉』ミネルヴァ書房，1990 年，27-60 頁参照．
10) 戦後史については，佐藤俊一『戦後日本の地域政治―終焉から新たな始まりへ―』敬文堂，1997 年を参照した．また，時代区分に関しては，鳴海正泰「戦後自治体改革史」松下圭一ほか編『自治体の構想 1 課題』(岩波講座 1) 岩波書店 2002 年，233-253 頁参照．
11) 一番ヶ瀬康子「社会福祉における歴史研究の意義と課題」仲村優一他編，前掲書は「前近代の特質を明らかにし，それとの相違を明確にしてこそ，近代以降とりわけ現代における社会福祉のもつ意味があきらかになる」として，社会福祉に関する前近代の歴史分析の有用性を提起している．なお，奈良まちづくりセンター・前掲書は時代区分を明示していないが，律令制度がつくられた古代を起点にし，中世，近世，近代，現代への推移を踏まえて，重層的な市民公益活動の展開を描いている．
12) 佐藤俊一，前掲書 1-7 頁．
13) 鳴海正泰，前掲論文 233-236 頁．
14) 池田敬正，前掲書 49，50 頁．
15) 同上書 54，55 頁から引用．
16) 吉田久一，前掲書 37-39 頁．
17) 同上書 47 頁．
18) 池田敬正，前掲書 78，79 頁．
19) 岩崎信彦「町内会をどのようにとらえるか」岩崎信彦ほか編『町内会の研究』御茶の水書房，1989 年，4 頁．
20) 池田敬正，前掲書 73，74 頁．
21) 同上書 81-85 頁．
22) 奈良まちづくりセンター，前掲書 8 頁．
23) 池田敬正，前掲書 90 頁．この幕藩体制の「安定的存続がもたらす権力と都市の癒着は，都市が中世に一時的にみせた自由都市的性格を喪失させ，都市における市民的自由を成熟させなかった」と述べている．
24) 奈良まちづくりセンター，前掲書 6 頁．もっとも，池田敬正は中世社会の地域における相互扶助は「幕藩体制においても存続し，それが公共的な社会制度に成長しはじめる」(池田敬正，前掲書 114 頁) と述べている．また，五人組の制度の

組織は江戸以外には全国に散在した幕府直轄領や旗本領で行われていたにすぎないのではないかとの疑問をなげかける意見もある（柳田国男編『明治文化史13 風俗』原書房，1979年〈1954年の復刻〉92頁．
25）吉田久一，前掲書58-59頁を引用．
26）安国良一「京都の都市社会と町の自治」岩崎信彦ほか編，前掲書63-64頁．これらの事務は秋山国三「合同沿革史上巻」の引用である．
27）安国良一，前掲論文65-66頁．
28）田中重好，前掲論文28-29頁．
29）池田敬正，前掲書94頁．
30）奈良まちづくりセンター，前掲書9頁．
31）池田敬正，前掲書108-112頁．
32）奈良まちづくりセンター，前掲書8頁．
33）田中重好，前掲論文30頁参照．
34）五人組の社会関係は自発性の高い互助共済のしくみとしてはその後も使われなかったが，葬式などの孤立からの不安を鎮める協力の単位としては続いたという（柳田国男，前掲書92頁）．
35）田中重好，前掲論文32-35頁．
36）東京の衛生組合は1900年（明治33年）2月に「東京府衛生組合設置規定」（府令16号）により，区別市内に「一戸を構ふるもの」（明治21年市制町村制では納税の義務等を含めて，公民と住民を区別しており，ここでは住民の位置づけになる）は衛生組合設置の義務があるとして，東京府下全体に設置されることとなった．また，町内を対象とする有志団体も結成された．明治20年代に制定された地方制度に町内会の規定はなく，町内会の存立が制度面からは否定された形となっていた（田中重好，前掲論文33頁）．
37）ここでの町内会は一般的に「町内会自治会」「部落会」「区会」等の呼称で表現される住民に身近な地域組織であり，特別な断り書きをしない限り，以下においてもその代表的表現とする．
38）田中重好，前掲論文37頁．
39）同上論文39頁．
40）同上論文41-44頁．
41）同上論文44頁．
42）赤木須留喜「東京都政の研究―普選下の東京市政の構造」未来社，1977年ではその町内会の動向を詳細にまとめている（548頁以下）．
43）奈良まちづくりセンター，前掲書11頁．
44）設立に当たっての思想等に関しては，檜槇貢「安田善次郎と東京市政調査会」川添登・山岡義典編『日本の企業家と社会文化事業：大正期のフィランソロピー』東洋経済新報社，1987年，71-91頁参照．
45）奈良まちづくりセンター，前掲書8頁．

46) 高木鉦作「資料　町内会廃止と『新生活共同体の結成』（一）」『國學院法学』第24巻第3号，1986年12月，164頁．
47) 高木鉦作「資料　町内会廃止と『新生活共同体の結成』（七）」『國學院法学』第26巻第2号，1988年10月，99頁．
48) 田中重好，前掲論文49頁は占領軍総司令部の提言として，個人の意思による組織形成を示している．本文は『戦後自治史Ⅰ』自治大学校，1960年からの引用．
49) 田中重好，前掲論文49-51頁．
50) 高木鉦作「資料　町内会廃止と『新生活共同体の結成』（十三）」『國學院法学』第28巻第1号，1990年9月，143頁．
51) 佐藤俊一，前掲書20頁．
52) 同上書21頁．
53) 奈良まちづくりセンター，前掲書12頁．
54) 「東京における地域活動のすすめ」（『都政』1961年3月号）には全国革新市長会・地方自治センター編「資料　革新自治体（続）」1991年，27-36頁．
55) 1961年から1年間の中央・地方新聞の記事を庄司光と宮本憲一が調査をして，産業公害，都市公害の全国化を指摘している．佐藤俊一，前掲書199-200頁を参照．
56) 松原治郎「住民運動と住民参加」松原治郎・山本栄治編集・解説『現代のエスプリ　住民運動』至文堂，1976年4月，8，9頁．
57) NHK世論調査部『現代日本人の意識構造』（第2版）日本放送協会，1985年，160頁以下．
58) 佐藤俊一，前掲書223頁．
59) 横浜市企画局政策部調査課「横浜市のコミュニティ行政と市民活動の奇跡―149冊の調査季報で振り返る」調査季報150号，横浜市，2002年9月，18頁．
60) この「市民への手紙」は選挙公約ではなく，市民への提案として打ち出されていた．
61) 全国革新市長会・地方自治センター編，前掲書227頁から引用．
62) 同上書227-246頁を参照．
63) 佐藤俊一，前掲書279頁，280頁．
64) 同上書280頁．
65) 同上書281頁．
66) 田中重好，前掲論文64頁．
67) 高田昭彦「現代社会における市民運動の変容―ネットワーキングの導入から「市民活動」・NPOへ―」青井和夫・高橋徹・庄司興吉編『現代市民社会とアイデンティティ』梓出版社，1998年，163頁．
68) 佐藤慶幸，前掲書157頁．
69) 須田春海「市民活動と市民参加」西尾勝編『岩波講座1　自治体の構想1　課題』岩波書店，2002年，150頁．

70) 以下の横浜市の動向は横浜市企画局政策部調査課，前掲論文210頁を参考にしている．

第3章

市民的地域政策事例の検討

1. 地域政策事例に求めるもの

(1) 対象地域選定
①3つの自治体

　第1章においてわが国の近隣社会を対象にし，そこでの政府の位置と役割，市民活動領域の広がりを確認した．ついで第2章においては，市民主体のコミュニティ活動を対象に，市民の社会的ネットワークの歴史的系譜をみてきた．市民的地域政策に係わる基本的構造の時間軸における推移をみてきたわけである．

　本章において検討しようとするのは，市民的地域政策が実際の地域によってどう違うのかということである．地域政策は，端的にいえば，一定条件の地域をステージとした市民と行政による共同作品であって，活動する市民と行政を包み込む地域そのものの特性や社会的熟度等が市民的地域政策の成否に影響を与えるものと思われる．その点に着目して地域分析を行うことが必要である．だからといって，この種のテーマは，人口規模，産業経済特性等の外形的に表現される地域指標によって，分類できるものではない．もっとも，ソーシャル・キャピタルの指標を抽出して，地域類型等を行うことはこれからの重要な作業であるが，そのことも本書における市民的地域政策そのものの存否を課題とされる現状において，なお時期尚早というべきであろう．

　そこで，本章では3つの地域を選択した．東京都三鷹市，栃木県宇都宮市，

山梨県早川町である．この事例を選択する上での大きな目配りとしては，これら3つの自治体は，大都市部，地方都市，過疎地域のものである．とりあえずこのように分類することができるが，むしろ筆者の主観と生活履歴による選択の側面の方が大きいことを断っておきたい．三鷹市は東京都を構成する自治体で，1960年代から全国的に情報発信してきた都市である．それも市民の生活に着眼し続けた都市である．1960年代後半からの40年を東京圏で過ごした筆者にとっては，この都市は生活圏の中にあった．同じ観点からいえば，宇都宮市は2001年4月から2007年3月までの勤務場所のある都市である．21世紀冒頭の6年の宇都宮での活動は，筆者にとって刺激的であった．行政都市の宇都宮が，市民活動を取り組もうとする動きを，目撃したのである．そして，早川町はその前の3年を甲府市を拠点とする活動のなかで，学んだ自治体である．1998年4月から山梨総合研究所において，筆者は地域シンクタンク活動に従事したが，早川町は常に念頭にあった．2000年度には「地域に根ざすシンクタンク」をテーマとして調査研究の対象としてきた地域であった．いずれの都市・地域もそこでの市民活動と地域社会の動き，それらの行政との関係を把握することのできるポジショニングに筆者がいたということである．

表3-1 3つの市民的地域政策事例のねらい

都市・地域	事例提起の概要
三 鷹 市	東京大都市圏における中都市として，これまでの30年数におよぶコミュニティ，市民活動についての実験的政策を実施しており，いよいよ市民的都市としての成果を生み出し始めている．この事例では，その先進的な実態を整理し，市民的公共性形成に向けた参加システム等の方向を明らかにする．
宇都宮市	中堅の地方中核都市として，これまで行政主導の都市づくりをすすめてきた．近年になって，市民都市や地区行政等の対応を始めている．この都市からは市民対応に関して一般的な都市が遭遇する課題，問題点等を拾い上げ，地区対応行政等の重要性を学ぶ．
早 川 町	山村過疎社会の市町村は多く，全国各地に広がっている．この事例においては，直接に市民活動事例を扱ってはいないが，市民的感覚をもつ中間機能の役割の広がりを学び，市民主導，行政主導のいずれでもないもう1つの市民主体のまちづくり拠点のあり方を検討する．

第3章　市民的地域政策事例の検討

この3つの都市・地域の位置とそれぞれの特性，プロフィールを表3-1に記しておく．

②市民的地域政策の「かたち」

さて，この3つの自治体を対象に，何をどのようにとらえようとするのか．ここでの主題は，市民的地域政策のいわば「かたち」である．具体的な3つの自治体を対象に，それを代表例として，市民主体でコミュニティ主導による政策対応の様相や特徴をとらえたいのである．

3つの自治体の都市・地域としての社会的状況，市民活動やコミュニティの動き，首長の姿勢，自治体行政の対応力等によって，市民的地域政策はそのあらわれ方を異にする．市民や近隣関係，コミュニティの活動のサポート組織が市民主導により構築されているために，市民的地域政策がつくられているのか，それとも行政主導によって市民との協働を積極的に働きかけることによって市民的地域政策がつくられているのか．その場合に，政策内容の具体的様相はどう違っているのか．どんなかたちで表現されるのか．このような自治体事例を中心に市民活動とそれを支援・サポートする実態とそれらの関係構造を把握し，第4章以降の市民的地域政策やコミュニティ支援機能の分析に生かしたいのである．

(2) 3つの地域政策事例への期待

①先行する三鷹市

3つの地域事例によって整理したい課題は，おのずから異なっている．1つ目の三鷹市は，市民とコミュニティによる政策形成の先進地である．この地域は隣接する武蔵野市とともに，60年代に急拡大した東京の郊外部にあって，その当時から市民意識をまちづくりの前面に出してきた．武蔵野市，三鷹市はともに市民参加の実験都市として注目されていたものである．

とりわけ，三鷹市はコミュニティ・センターを拠点に地域的枠組みを基礎とした市民の自由なネットワーク形成を志向した．それからの30数年の経

過のなかで，市民主体の計画参加のしくみが打ち立てられ，近年では，後述するように市民生活をベースとしたコミュニティ・ビジネスの展開まで広がりを見せている．すでに，市民的地域政策が各所で展開されているということである．

②市民との接点を求める標準的な都市，宇都宮市
　2つ目の宇都宮市については，行政主導によりまちづくりが展開されてきた典型的な都市であるとみたい．宇都宮市は，これまで北関東の中核都市としての都市的地域として，成長・拡大してきた．しかも，この都市は伝統的に行政能力の向上に力を注ぎ，その面でのリーディング自治体であった．総合計画，事務事業のシステム，財務管理等の行政システムは全国に先駆けて実施する都市であった．それに加えて，都市内においては，環状道路や工業団地の開発等の都市基盤の整備を進めてきた．そういう点ではわが国のなかで，行政主導のまちづくりに自信をもって進めた地域の1つだということができる．

　行政の主導性の強い宇都宮市にとって，市民との関係はどうかといえば，かなり技術的な対応であったように思われる．後述するように，全国的にコミュニティが話題になれば，コミュニティ対策を打ち出すし，市民活動サポート機能が話題になれば，直ちにそれをつくり出す．「市民参加」のしくみも行政によって技術的操作的につくり出し，住民・市民はそれについていったという構図がこれまでの動向である．

　この数年，宇都宮市は「市民都市」を都市像に掲げ，政策体系の再編を進めている．地域単位の行政の再編と市民活動のサポートシステム形成であるが，わが国の多くの都市では，行政による技術的な市民型の対応が多いのではないかと思われる．その断面をこの宇都宮市の事例からとらえてみたい．

③住民を前面に出して，新たなネットワークを志向する早川町
　3つ目の自治体の山梨県早川町は，山村地域の過疎社会の地域事例である．

わが国の自然環境や国土構造からみると，このような中山間地域の町村は多く，その点ではわが国の典型的な地域ということもできる．もっとも，この町は南アルプスのふところに抱かれるように形成されており，人口の減少も高齢化の進行も著しい．

　だが，この地域の住民は自尊心と自立心が強い．また，町長も国や県の行政に依存して地域を経営する方法はとらない．自然の豊かさ，住民の生活の奥行きの深さを生かすためには，行政を前面に立てると，依存とその反面としての施しの政策的アイデアしか出てこないことを町長は熟知しているのである．町長は，周辺町村との合併についても，早くから反対を表明していた．その一方で，この町の国，県との関係は，その公式の関係とは別に，個人の資格でのネットワークがつくられている．それも行政の枠組みを超えたものであって，壮大な自然と歴史を交流の接点にしているために，住民と地域社会が前面に出てくることになる．

　加えて，後述するような住民間，住民と行政，地域内と地域外，世代間をつなぐ中間的媒介機能を担うしくみとしての日本上流文化圏研究所がつくられていて，その交流の渦をより大きいものにしている．

　この事例は行政主導なのだが，小さな町の市民的地域政策の新たな方向を示しているという点で，極めて重要だとして，ここで扱うことにした．

2. 大都市の市民活動支援事例（三鷹市）

(1) 事例分析のねらい

この事例は東京都三鷹市を対象とした住民・市民活動である．東京都区部に隣接する三鷹市における大規模な地域社会の変動は，1960年代までに終了し，70年代以降からそこに居住する市民の主体重視の地域経営がすすめられた．その中でも，コミュニティ・センターを中心とした参加型の地区行政はわが国自治体において先行的なものであった．

本節において扱う三鷹市については，主に次の3点についてふれる．第1はコミュニティ・センターである．コミュニティの考え方や概念がわが国の社会や自治体政策に広がり始めた時期に，三鷹市が具体的なかたちをもっていち早く取り組んだのがコミュニティ行政であった．人間性の回復と地域社会の再生という大テーマを前に，コミュニティ行政の取り組み事例を全国に発信した．

第2は白紙からの市民参加である．これはコミュニティ行政の始まりから20年以上の歳月を経るなかで登場してきたものであった．全国各地で市民参加・参画の試みは少なくないが，行政サイドによるリードによって形づくられたそのしくみへの住民・市民の不安等があって，成功例は意外に多くない．そのようななかで，三鷹市のみたか市民プラン21会議の取り組みは市民協働の自治体経営の第一歩を記している．自治体経営において，市民活動を独自のものとして尊重し，成功させたからである．

そして，第3は市民型のコミュニティ・ビジネスの展開である．SOHO支援の下に，柔軟な公的サービスを展開する(株)まちづくり三鷹はまちづくりを市民の生活から紡ぎだすコミュニティ・ビジネスの可能性を示唆しており，集住社会のビジネスをつくり上げる可能性を教えている．

これらの先駆的事例は成熟社会におけるパートナーシップ都市三鷹の真骨頂ともいえるものである．

(2) 三鷹市のプロフィール

①住宅都市

　三鷹市は東京湾の奥部から西側に伸びている東京都のほぼ中央に位置し，東京都の都区部に隣接した人口17万人の近郊住宅都市である．関東大震災後の復興過程において，都区部からの人口流入等によって三鷹市が形成された．次いで，戦前期になって航空機産業等による軍需工場が進出した．戦後になると，住宅開発が進められ現在の都市の基盤のほとんどが形成された．

②生活環境の成熟

　1920年代から60年代までの40年で，三鷹市の地域は大きく変わった．この間，行政区域面積165haのままで人口が25倍にもなった．かつての純農村地帯は，工業地域を経て，住宅地域が全体の9割を占める地域へと急速に変貌した．この過程において教育施設，上下水道等の都市基盤整備が進められた．とりわけ，当時の市長が医師出身だったということもあって，公衆衛生への関心が高く，市政の重点に下水道整備がおかれた．73年には下水道普及率100%を全国にさきがけて達成した．三鷹市は70年代初頭には人口増加も止まり，この10数年で地価は長期の下落したものの，人口は都心回帰等によりわずかだが増加し17万人を超えた．それでも地域社会の成熟化と少子高齢化は進んでいる．地域の資源は，集積してきた中間階層の住民と彼らが織りなす，生活文化である．

③実験都市

　三鷹市は，もう1つの顔として情報都市の側面がある．三鷹市は早くから「情報都市みたか」を基本計画に掲げ，高度情報化の推進につとめてきた．1984年にNTTとの共同により実施したINS実験をきっかけにデジタル通信網の整備やキャプテンシステムによる行政情報の提供を他市にさきがけて行った．また，元々市政には進取の気風がみられ，実験的取り組みは多い．後述する事例はそれを示している．2002年度から始まった政府の構造改革

特区推進本部への特区申請は教育改革,産業振興,情報技術,都市計画等について数件の提案が行われた[1].このうちの情報技術は,行政の透明性を志向する電子自治体の実験として行われた.

(2) コミュニティ・センターのコミュニティ・サービス[2]
①先行した大沢地区コミュニティ・センター
　1971年3月に策定された三鷹市中期財政計画(第2次)において,コミュニティ・センタープランが示された.全国にさきがけて生活基盤の下水道の整備を進めていた三鷹市は,地域社会におけるコミュニケーションを支えるコミュニティ・センターを設置し,管理するという構想に着手した.この政策も下水道の全市完全整備の方針と同様に,当時の鈴木平三郎三鷹市長によるトップダウンにより行われた.

　その具体化として,74年2月に三鷹市最初のコミュニティ・センターが大沢地区(人口約12,000)に建設・開館されたことがあげられる.三鷹市の地区コミュニティにおける市民の参加は,この大沢地区のコミュニティ・センターの管理運営として開始された.その際に,地域住民によるコミュニティ・センターの自主管理を方向づけた「三鷹市コミュニティ・センター条例」(これも全国初)が制定されている.その条例の前文において次のようにコミュニティ・センター設置の意義を表明した.すなわち「市民の日常生活の場である近隣社会の生活環境の整備とあわせて,新しい地域的な連帯感に基づく近隣生活と活動とを源泉として実現されるものである」としたのである.

②住区の階層を踏まえたコミュニティ政策
　実験的な大沢地区コミュニティ・センターの運営の成果を踏まえて,三鷹市の市民参加によるコミュニティ・センターの建設・運営は全市化されていった.いわゆる,コミュニティ参加の全市化が進められたのである.
　75年3月に三鷹市基本構想が議決され,ついで78年に三鷹市基本計画が

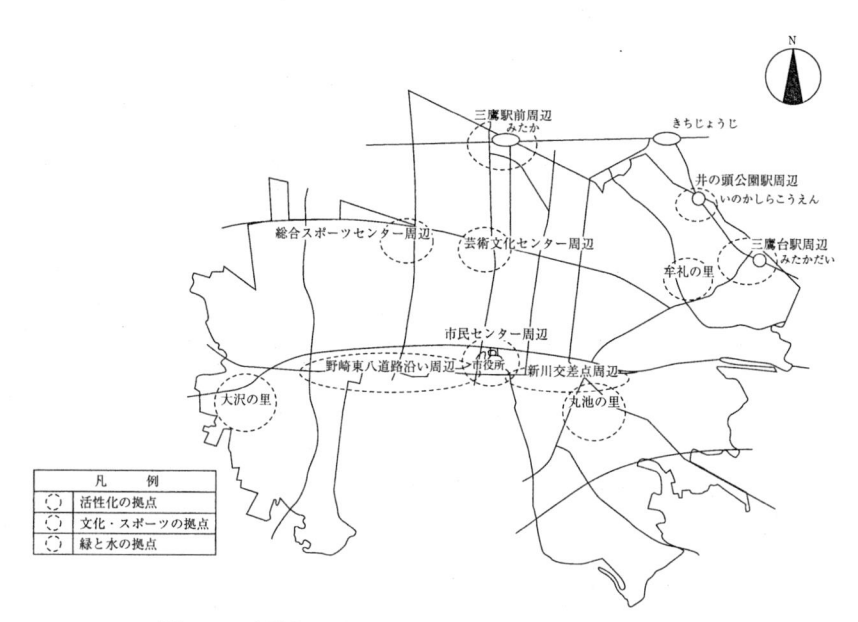

第3章 市民的地域政策事例の検討

図 3-1 三鷹市の地図とコミュニティ・センターの位置

決定されたが，この2つの計画によって三鷹市のコミュニティ参加の拠点としてのコミュニティ・センターは制度化された．市内を7つの住区に分け，それぞれの住区ごとのコミュニティ・センターを市民参加によって建設し，管理運営することが計画された．それと同時に，コミュニティの階層化と地区区分（コミュニティ・ゾーニングと呼ばれた）が図られた．つまり，コミュニティ・センターの対象範囲をコミュニティ住区（7地区，2万から3万の人口）とし，その下位に近隣住区（「ふれあい区」とも呼ぶ，5千から1万の人口規模単位，市内全体で24の区域）の二層による圏域構成をとったのである．これによって，三鷹市は近隣住区，コミュニティ住区，市全体の範囲の三層の地域が設定されたわけである．これらのセッティングをコミュニティ・ゾーニングとよんだが，三鷹市という都市を対象としたコミュニティ形成の予想の区域を明示するという試みであった．

コミュニティ住区には活動拠点のコミュニティ・センターが置かれ，近隣

表3-2 三鷹市のコ

	人口（おおよその数）	面積 (km²)	地域性	住民協議	
				名称	発足（年月）
大沢住区	12,000	2.62	市域の西端に位置し，農地の宅地化が進んだ地域．大学も立地．	大沢	1973年11月
東部住区（牟礼）	29,000	3.00	公団住宅，沿道商業集積等の多様な土地利用．	三鷹市東部地区	1978年1月
西部住区（井口）	22,000	2.57	農地が比較的多く残る地域だが，東西南北を幹線道路に囲まれた地域．	井口	1978年11月
井の頭住区	16,000	1.31	緑と水辺に恵まれた地域であり，都心へのアクセスがよいが，木造密集住宅が多い地域．	三鷹市井の頭地区	1979年12月
新川中原住区	25,000	2.76	比較的緑の多い住宅地域だが，バス交通の不便な地域でもある．	新川中原	1981年11月
連雀住区	38,000	2.90	市内の中心的な地域で，公共施設が集中している．住工混在の地域もある．	連雀地区	1984年1月
三鷹駅周辺住区	23,000	1.67	市内で最も人口密度が高く，商業活動の中心地として古くから栄えている．	三鷹駅周辺	1993年7月

注：三鷹市生活環境部コミュニティ文化部編「COM Community of Mitaka みたかのコミュニテ

住区には地区市民会館（地区公会堂）が設置されることになった．つまり，住区の階層に対応した集会施設の建設に，地域住民が住民協議会を通じて参加し，完成後はセンター施設を地域住民が包括的に管理運営することで，対象地域におけるコミュニティ形成と市民参加を進めようとした（表3-2参照）．1993年12月に，三鷹駅前コミュニティ・センターが市立図書館に併設して開館された．これで三鷹市の7地区すべてに約20年の期間をかけたコミュニティ・センターが設置された．

第3章 市民的地域政策事例の検討

ミュニティの状況

会の状況		コミュニティ・センター		
特徴	開館時期	主な機能	利用状況
コミュニティ活動は地域諸団体と連携が原則．コミュニティ新聞毎月発行・全戸配布．開かれたコミセンを目ざす．	1974年2月	プール，体育館，図書室等を整備．	この数年利用者が減少．
地域の活動に関しては，調整を主に行っている．広報紙は毎月発行．メンバーの高齢化と後継者づくりが課題．	1978年4月	プール，体育館，図書室等を整備．建物が放射状に作られており，施設内の移動がしやすい．調理器を備えた講習室は老人給食に利用．	98年まで利用者が減少していたが，ここ数年は利用者数が増加している．
危険な道路のチェック等により，交通安全対策を求めている．この地区は4つの大きな町会があり，競い合いながらも連携した活動がとれている．	1979年4月	プール，体育館，図書室等を整備．体育館の南側にコミュニティ広場があり，ゲートボールやテニスが楽しめる．施設の老朽化対策と若い人の利用促進が課題．	毎年，利用者数が減少している．
この地域は路地が狭いこともあって，防災機能を重視．本館に体育施設がないために，雨天の際の催事が難しいといわれている．	本館87年6月 分館79年10月	図書室は他の施設の2倍の広さで，蔵書も多い．また，分館の調理実習室は老人給食などに利用．	これまで減少傾向をみせていたが，98年を底に利用者数は持ち直しつつある．
町会・自治会，新しく住み始めた人，住協が連携して地域活動に当たってきた．安心して住めるまちが地域の目標．	1982年4月	プール，体育館，図書室等を整備．屋上にはソーラーシステムが置かれ，施設内にはボランティアセンターを設置．	ほぼ毎年10万人強の利用．
運営のマンネリ化を避けるために，関係団体委員等との協働で活動を進めている．	1984年6月	プール，体育館，図書室等を整備．体育館のトレーニングルームには種々の器具を用意．	地の利もあってか，全市的利用者も多く，コミセンの内で最も利用者が多い．
下町感覚で住民交流が進んでおり，時代に合った事業を進める．	1993年12月	市立図書館との併設であり，会議室中心の施設．視聴覚室に人気．	利用者は8万人強で，その数は横ばいから増加気味．

ィ」から作成．

　③住民協議会とコミュニティ・カルテ

　コミュニティ・センターを拠点としたコミュニティの形成が進められることになった．そのための具体的なソフトウエアとして，次の2点がセットされた．その第1のしかけは，先にふれた住民協議会である．住民協議会は実験的な試みとして行われた大沢地区だけではなく，他の6つの地区でも随時，設けられた．そのプロセスにおいて各地区とも市民公募によるコミュニティ研究会が設けられ，その研究会の発展的解消の組織として住民協議会が設置

表3-3 コミュニティ全体ゾーニング(近隣住区とコミュニティ住区の設定基準)

区分	人口	面積	生活圏	その他	目標とシビルミニマム
近隣住区(おおむね24住区)	約5,000人～10,000人	約30ha～167ha	徒歩圏10分程度で、町、丁、日常の買物行動、地域活動などを配慮し、コミュニティ活動を通じて設定される。		身近な「ふれあい」の拠点施設として、地区公会堂をおおむね24か所(※)に設置する。
コミュニティ住区(7住区)	約20,000人～30,000人	約130ha～400ha(2～4の近隣住区を集合したもの)	歴史性、市民特性、地域特性などを考慮して設定。	区域設定は、幹線街路、河川などを基準に設定。	コミュニティ活動の拠点施設であるコミュニティセンターを計7か所に設置する。

(※) 昭和60年基本計画改定で30か所、平成8年第2次基本計画改定で32か所に変更。
三鷹市「三鷹を考える基礎用語辞典」(2000年2月) 377頁。

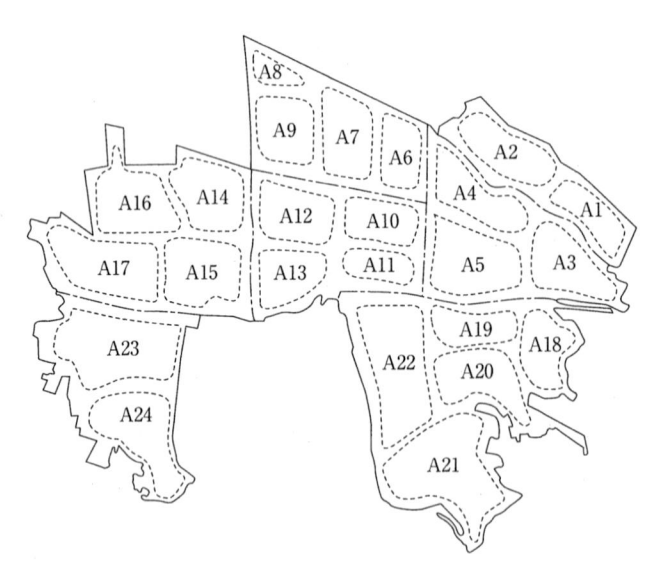

7つのコミュニティ住区は2～5つの近隣住区に再分割されている。全市で24の住区に分けられている。三鷹市「三鷹を考える基礎用語辞典」(2000年2月) 377頁。

図3-2 コミュニティゾーンの設定図

されるという図式であった．そこでは，地域住民から住民協議会委員が選出され，委員による協議会会則が承認されると，コミュニティ・センター管理運営や協議会活動のための事務局体制が設けられる．この住民協議会は，自主的に運営されていることもあって，地方自治法244条の2の「公共団体」に認められて，公の施設としての7つのコミュニティ・センターの管理・運営が三鷹市からそれぞれ受託されるという流れをたどる．

住民協議会は，コミュニティ・センターの運営等を通じての主体的自主的な性格を強めることが期待された．96年2月には，「住民協議会連絡会」が設けられ，コミュニティ活動に関する共通課題，コミュニティ・センターの管理運営についての共通事項，住民協議会相互の親睦事項等のヨコの連携が開始されている．

もう1つのしかけは，コミュニティ・カルテ（まちづくりプラン）である．この種のカルテ作成は，この時期すでに高知市，神戸市が先行していた．三鷹市でも地区単位から地域の現状や問題点を積み上げて，地域の課題を共有しようと試みられた．地区の実施計画を策定する際に7つの住区毎にアンケート調査を行って，住民ニーズ，地区の問題点等を整理した．その上で，行政サイドの成果との対応表により市全体の課題を明らかにしようとするものであった．このカルテづくりは81年，84年と2回行われ，3回目のコミュニティ・カルテは，住区の将来像の検討等を付加して，「まちづくりプラン」として89年に発表された．

コミュニティ・カルテの実態表記を下敷きにしたまちづくりプランは92年の三鷹市基本構想・基本計画に反映された．そこでは7つの地区のプランを三鷹市という都市における市民の視点を重視して，市内在住の学識経験者や団体代表からなる「市民会議」が設けられた．ここに7つの住区の市民組織以外に，その積み上げから，1つの市域における人中心の市民組織が誕生したということができよう．

90年代に入って三鷹市の市民組織はさらに成長する．まちづくり懇談会が93年に設置，運営されているが，その主題はそれまでのコミュニティ・

カルテとそれによるまちづくりプランをたたき台に，新たな実施計画に住民を参加させることであった．住区レベルの市民活動の成果を市域レベルの市民活動に合流させ，住区毎に開催される「地域懇談会」と計画課題をテーマに全市的に開催される「実施計画懇談会」の2つの次元のまちづくりのしくみが推進された．このうちの後者は次項に述べる白紙からの市民参加を支えるしくみにさらに成長していった．

④住民協議会のしごとと組織

　ここで，三鷹市のコミュニティ・センターを支えた住民協議会のしごとと組織についてふれておこう．市内にはコミュニティ住区に対応して，7つの住民協議会があるが，その対象区域は中学校区である．そこにプール，体育館，図書室，調理室，会議室などを備えるコミュニティ・センターがあり，これを各地区の住民のために運用しつつ，コミュニティづくりをしていくのが住民協議会のしごとである．具体的には，そこにおいてセンターの祭，運動会等のイベントも行われる．また，高齢者への配食サービスや会食に施設を提供し，その他地域における福祉・教育活動が行われた．もちろん，コミュニティ・カルテ等の地区の現況調査や計画づくりも実施された．

　その基礎には，行政と市民の間での一定の取り決めがなされた．市行政と住民協議会における事業実施は，明示的な相互の協定や契約によって連携されている．市行政と住民協議会の関係は，行政と市民が対等な位置取りにあることを，裏付けているわけである．

　住民協議会のしごとや活動は，協議会の役員が中心に行うが，その役員のほとんどは地域の団体推薦により決められており，個人参加は少ない．つまり，地縁団体としての自治会町内会，PTA，防犯協会，青少年対策地区協議会，交通安全対策協議会，老人クラブ，文化・スポーツサークル，ボランティア団体，環境保全団体，各種の学習グループ等の担い手が，同時に住民協議会の役員となっているというわけである．この中で，町内会・自治会の組織力が最も強いように思われるが，その組織率は50%を切っており，低

下傾向にある．住民協議会は，この自治会・町内会を核にまとまっており，地区内の従来のテーマ別市民組織を含めた地域団体の拠点となっている．

行政との関係，地域の市民組織や地域団体との関係についてのこのような側面をとらえると，三鷹市の住民協議会は住民と行政，住民・市民間における中間機能を担っていることが理解できる．また，さきにもふれたようにそれぞれのコミュニティ・センターには，住民協議会の事務局があり，そこにはそれぞれの住民協議会によって雇用されている常勤の職員がいる．コミュニティ・センター管理の職員採用，配置等の人事権を住民協議会がもっているわけである．もっとも，その職員は行政職員ではない．官僚システムの届かない住民活動を基礎とする，いわゆる「民僚」としての位置だということもできる．

⑤コミュニティ・センターの課題・問題点

これらのコミュニティ・センターの活動を基礎とした市域レベルの市民活動の展開は，後述する「白紙からの市民参加」につながり，そのためにコミュニティ・センター自体の課題，問題点も指摘されてきた．コミュニティ行政の導入された時代を反映させて，コミュニティ・センターという施設を基礎に事業を展開するという政策のために，活動参加者の高齢化とコミュニティ・センター施設そのものの利用者の低迷化，固定化が生じている．その結果，住民協議会の組織としての活力低下や後継者育成問題が生じているといわれている．こういった問題点に対しては，住民協議会を中心に実行委員会や協力委員制度をとりいれて，自助による活力回復等の努力がされている[3]．

(3) 白紙からの市民参加

①市民プラン21会議

1996年に，市民と行政の協働を支援することを目的として，(財)三鷹市まちづくり公社が設立された．その際，この公社の中に市職員，学識者（市内の国際基督教大学の研究者等），市民が参加する「まちづくり研究所」が

設けられた．98年12月に，この研究所は三鷹市の新しい基本構想・基本計画策定のための市民参加を提言した．つまり，基本構想・基本計画の素案策定の段階から市民の参画を組み入れることが必要であり，そのために市民主導によって，「市民参加で基本構想を立案する為の準備会」（仮称）を発足させ，計画策定の初年度に市民主体の「21世紀市民プラン検討会議」（仮称）を立ち上げるという提言がなされた．

この会議は，三鷹市総合計画に関する市民参加のしくみとして，位置づけられた．この方式のことを，多くの自治体総合計画の市民参加が形骸化していることとの違いを明確にするために，「白紙からの市民参加」あるいは「原案策定以前の市民参加」の方式と呼ぶことになった．市民主導の参加体制をつくり出すために，市民活動のしくみとして，まちづくり研究所の役割が新たに刻まれたわけである．

②市民提案のしくみ

三鷹市政はこの提言に沿って，「みたか市民プラン検討会議（仮称）準備会」へのメンバー公募を行った．その準備会には，市民59名が参加した（参加数は当初予定が30名であって，2倍近くの市民が参加したことに担当者は参加の盛り上がりを実感したという）[4]．この準備会では，市民主導によって推進する人材や進め方等が決められた．つまり，市民参加コーディネーター養成講座の実施，会則・会議ルール，パートナーシップ協定案の作成，インターネットの利用，広報体制等によって参加した市民が実質的に政策形成にアプローチできる条件整備が志向された．この準備会における対応は，白紙からの市民参加をすすめるための市民側における条件整備の1つであって，実際の計画討議においてもできるだけ行政に依存せず，市民が自主自立で計画づくりをすすめる基礎条件となった．

そこで案が作成され実施された．その位置どりを決めた「みたか市民プラン21作成に関するパートナーシップ協定」は図3-3に示しているように市民，三鷹市，三鷹市議会別の対応を想定しており，市民参加の成果を計画に

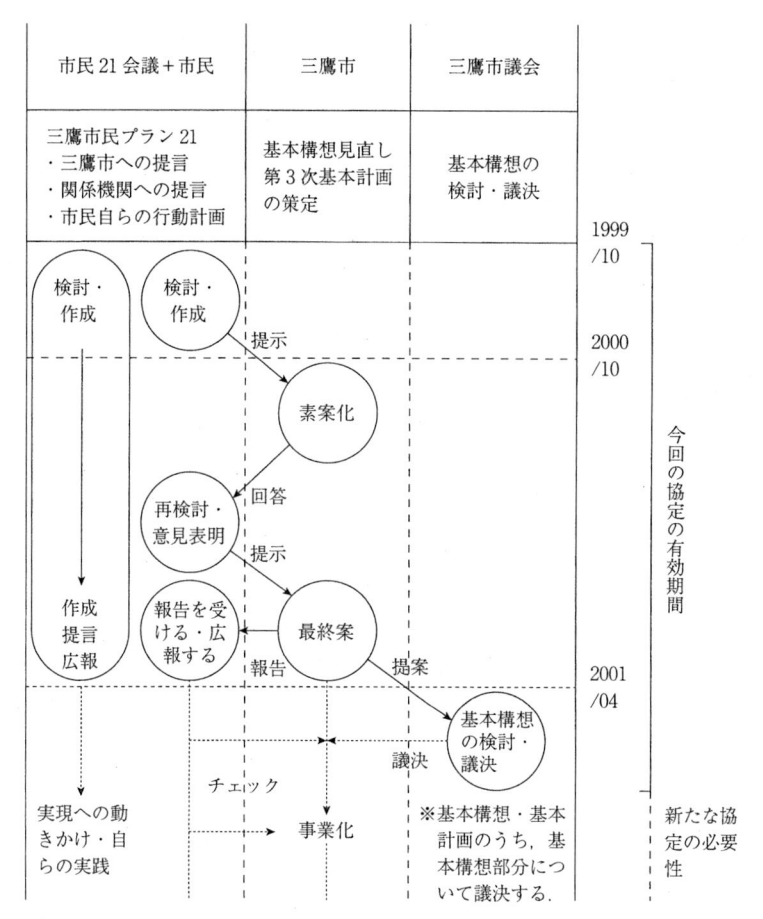

第 3 章　市民的地域政策事例の検討

市民 21 会議＋市民	三鷹市	三鷹市議会	
三鷹市民プラン 21 ・三鷹市への提言 ・関係機関への提言 ・市民自らの行動計画	基本構想見直し 第 3 次基本計画の策定	基本構想の検討・議決	1999/10
検討・作成	検討・作成　提示		2000/10
	素案化		
	再検討・意見表明　回答　提示		今回の協定の有効期間
作成提言広報	報告を受ける・広報する　最終案　報告　提案		
		基本構想の検討・議決	2001/04
実現への働きかけ・自らの実践	チェック　事業化　議決	※基本構想・基本計画のうち，基本構想部分について議決する．	新たな協定の必要性

三鷹市「三鷹を考える基礎用語辞典」(2000 年 2 月) 375 頁.

図 3-3　みたか市民プラン 21 作成に関するパートナーシップ協定の対応図

取り組むための画期的なものとなった．

　この準備会の取り組みをベースに，99 年 10 月には「みたか市民プラン 21 会議（会議登録者 252 名）」が発足した．その常設の事務局には，市役所の会議室があてられ，フルタイムの事務局長・次長，パートタイムの事務局員がおかれた．市民サイドの事務局体制を充実することで，市民主導の市民参

加は名実ともに動き出すことになった．その登録メンバーは10の分科会に別れ，2001年3月の市民向け最終報告会までには，約350回の分科会，12回の全体会（最高意思決定機関）が開催されている[5]．

基本構想の素案には，パートナーシップ協定の通りに，実際にみたか市民プラン21会議が提言した「地球」「協働」「循環」「共生」のキーワードのすべてが盛り込まれた．

(5) 都市型コミュニティ・ビジネス[6]
① SOHO CITY みたか構想

パートナーシップ都市としての3つ目の機能として，三鷹市のコミュニティ・ビジネスの形成と持続を取り上げる．ここでのコミュニティ・ビジネスは，市民・住民のSOHO（Small Office/Home Office）ワーカーを支援しようとするものである．三鷹市でなぜコミュニティ・ビジネスなのかについては，この都市をめぐる次の背景が着目されたことによる[7]．

この都市では，84年からのINSの実験（デジタル通信網の整備・活用，キャプテンシステム等による行政情報の提供，地域情報化の推進等）に着手していた．88年には市内全域に光ファイバーケーブル網が張り巡らされ，90年代後半には，三鷹市内に当時の国内最大・最速の情報インフラが整備されていた．また，三鷹市にはNTTデータ通信などの情報関連企業，大学が市および周辺地域に立地しており，情報技術の専門家と市民のコラボレーションが期待できる環境にあった．

都市環境の条件としては，東京都心へのアクセス条件が良く，それでいて環境への付加は少ない．近隣の地域に比べて，事務所の賃料や通信料などのランニングコストが安く，SOHOの仕事内容やスタイルが子育てや介護との両立を可能とする条件下にある．そして，なによりもこれまで「市民参加のまちづくり」を実践しており，住民・市民と行政の間で「協働」するという地盤があるとみられていた．

SOHO CITYみたか構想は，1998年10月に策定された三鷹市地域情報

化計画に掲げられているものだが，その前年度に「白紙からの市民参加」を提案したまちづくり研究所の提言にもとづくものであった．この構想はそれまでの情報インフラを生かして，市民の情報リテラシーを高め，市内の産業（農，商，工，その他の企業）等の組織の情報化を支援し，起業家を育成しようとするものであって，市内の情報関連企業，大学教員，金融機関，市役所等をメンバーとする「SOHO CITY みたか推進協議会」が応援団として組織された．また，99年9月にはそれまでの(財)三鷹市まちづくり公社を再編して，(株)まちづくり三鷹が設立された．中心市街地活性化事業の出資金とビルや駐車場の管理業務の収入をもとに，市内のSOHOを育成するもので，株式会社としての柔軟性，弾力性に期待されたものであった．

②(株)まちづくり三鷹のしごとと支援事業

さて，この(株)まちづくり三鷹の意義と機能についてふれておこう．この会社の守備範囲は田植えからITまでとしている．まさに地域社会のニーズをとりこみ，社会化するしくみを目指すことを表明している．中心施設の三鷹産業プラザを含めて，市内に5か所のSOHOのインキュベート施設の管理運営がその外形上のかたちである．常時，起業中の20数社が施設内の小さな事務所で活動しており，その総合的受付サービス，経営や起業相談に関するコーディネート，相談サービス，税務・法律等の専門相談サービス，技術・特許相談サービスを行っている．そのために，技術アドバイザーを常駐させているし，施設内に税理士や行政書士の事務所も入居させた．さらにまた，会員制の「三鷹 i クラブ」を設けており，メーリングリスト，ホームページ等の情報共有やイベント，セミナーなども開いた．

このようなSOHO起業のための環境条件の整備だけではなく，この会社は直接的なビジネス支援も行った．そのベースとして，ビジネスプランコンテストやイノベーションスクールを実施しており，そこでの審査・奨励等を通じて，ビジネスパートナーとのマッチングを実質的にサポートしている．この会社のスタッフは民間企業や市職員からの出向，契約社員等による約

40人であって，調査当時に150件程度のプロジェクトに取り組んでいる．

③地域の小さな仕事を都市の産業にする理由

　コミュニティ・ビジネスを振興するもう1つの理由として，これからの行政サービスはアウトソーシング（外部委託）が進むとの認識がある．都市機能を行政の枠組みから開放し，住民・市民の日常生活の中で編集し，地域の機能の一部にしていく．そこには，住民にとって選択性のある豊かな都市になるのだという考え方が垣間見える．少なくとも，インタビューの対象とした(株)まちづくり三鷹の担当者は，都市における福祉，教育，環境，文化等の行政サービスは市民ビジネスとして成立するものと考えていた．たしかに，生活サービスが行政の世界から市民の生活世界と融合し，半住民半行政の社会サービスが増えていくと考えられる．そこで，必要になるのは第三セクター方式によるコミュニティ・ビジネスの創造ということになる．それも団塊の世代の地域化等の住民・市民の生活変化が起こり，市民活動の潮流が盛り上がっている現代はその基盤づくりの最大のチャンスなのかもしれない．

　(株)まちづくり三鷹の担当者は次のように語っている[8]．

> 「(株)まちづくり三鷹は，地域レベルで産業全体を考え，実践できる組織です．大きな産業振興は国レベルでやれば良いことで，私たちは地域の人に年300万円の収入をもたらす仕事をつくっていきたいと考えています．身の丈にあった小さな企業がたくさんあって，中高年，主婦層が生きがいを持って，幸せに働くことが大切だと考えています．」

　この組織が事業化に取り組んでいるものに，子育て総合支援システムのソフトパッケージ「e子育てネット」（子育て行政情報ナビ，子育てコンビニ，ねっと相談システム，ファミリーサポート支援システム）を全国の自治体向けへの販売であった．これらのソフトは三鷹市における母親の生活記録とアイデアによるものであって，三鷹市の生活文化の発信でもある．(株)まちづ

くり三鷹によるその著作権の管理と販売は，これからの都市型コミュニティ・ビジネスの1つの典型として，注目したい．

(4) 市民活動推進上の課題
①市民的課題の統合
ところで，「みたか市民プラン21会議」からの提言などをもとにした三鷹市の新基本構想[9]は2001年9月議会において議決された．その前文には，「協働とコミュニティに根ざした自治」を基調とすることを謳った．本文でも，コミュニティ住区の視点を基礎とした「協働のまちづくり」を自治体経営の基本的考え方の1つに掲げている．同時に，「コミュニティ住区を基礎とした協働のまちづくり」を都市空間整備の基本的考え方の1つとして位置づけた．

約30年前に先駆的に試みられたコミュニティ行政は，三鷹市政の中核に厳然と生き続けていることをこの基本構想はわれわれに教えている．また，この基本構想では，全体の政策像を「高環境・高福祉のまちづくり」とし，8つの施策群を掲げているが，その1つに「ふれあいと協働で進める市民自治のまちをつくる」とした．ここでも，その内容にコミュニティの展開と協働のまちづくりを表現しているが，そのねらいは，地区を超えて，住民・市民の生活領域に協働して対応すべき課題が広がったことを示している．ここに「市民，NPO，事業者等と行政が，それぞれの役割に応じて協働するコミュニティの新たな展開」を方向づけた．この後者のコミュニティこそが，先にふれたコミュニティ・ビジネスをはじめとする住民・市民の生活フィールドづくりの成果なのである．今日では，この活動を自治体経営のフィールドとして扱う段階に至っており，市民と行政がどのように責任を分担するのかが大きなテーマとなったことを教えている．

ここに，地区，住民と市域，市民の課題が同一次元に配置され，共通認識により対応されるということが，少なくとも計画的理念的なものとしては，明らかになった．これが市民活動先進都市，三鷹市の動きである．

この基本構想から2カ月後の2001年11月に「第3次三鷹市基本計画」[10]は決定された．そこでの計画の枠組みは，基本構想のものを踏まえたものであったが，コミュニティの展開と協働のまちづくりを具体的にすすめるために，新たな市民セクターとしての「市民協働センターの設置・運営の検討」を打ち出した．その基本計画に記された基本的考え方は次のようなものであった．

「地域のNPO等とのネットワークづくりやその支援体制づくりなど，新たな取り組みも必要とされています．21世紀は『市民の世紀』ともいわれていますが，三鷹市でもNPOが大きく飛躍し，まちづくりにおいても重要な役割を担うことが期待されています．そこでNPO等の市民活動を支援し協働型のまちづくりを推進するため，NPO等の市民活動拠点の整備を図るとともに，NPO等市民活動支援条例の制定に向けて検討を行ないます．」

ここに，「市民活動拠点の整備」が，三鷹市政の公式テーマとなり，市民の活動特性を基調にした制度づくりに向かうことを表明している．

②協働センターへの三鷹市の期待

2002年4月に設置された三鷹市まちづくり研究所の第1分科会は，第3次三鷹市基本計画に打ち出された市民協働センター（仮称）の具体化する検討を行い，その年の11月に第1次提言を出している．この提言は，市民協働センターに求められる機能として，NPO等の市民活動支援センターの役割だけではなく，「市民と行政との協働のまちづくりを実現するため」のものだと位置づけた．そして，それを具体化するために，三鷹市の計画の実行，検証・評価，見直し・改善のすべてに，市民が協働の担い手として係わるための推進機能と体制整備を求めた．

この位置と方向づけは，「これまで行政が主として担ってきた公共の分野

を，市民・NPO等や民間事業者が協働の主体となり，新たに市民公益分野として登場しつつある活動領域も視野に収めて進めるという『新しい公共』のあり方を推進していくセンター」[11]ということであった．市民と行政を連携させた新しい経営体をつくるという意図を打ち出した．

そして，その基本的機能として，次の5つを示した．すなわち，「まちづくりにおける市民参加の窓口機能」「『新しい公共』分野における協働推進機能」「NPO等への活動支援機能」「市民活動への場の提供と交流機能」「情報交流機構」であった．また，運営の方向としては，市民と行政が一体となっての公私協働の運営方式，運営委員会，実証実験，そしてそこでの実証実験の検証結果を踏まえて，新たな制度のスタートを切ることを示した．

2003年12月に，三鷹市の市民協働センターは開設された．それから3年3カ月の運営の試行期間を経て，2007年度から本格的な活動を開始した．

その事務局体制に注目したい．事務局は市民スタッフとコーディネーターが担っている．2007年度の三鷹市市民協働センター事業方針・事業計画（三鷹市市民協働センター・三鷹市生活環境部コミュニティ文化室）によれば，「事務局機能強化のため，これまでの行政スタッフに加えて，市民スタッフとコーディネーターを配置する」としている．この事務局は企画運営委員会と専門的助言を与えるアドバイサーを支えることにしている．

この市民スタッフとコーディネーターに注目したい．この事業方針によれば，市民スタッフは市職員の補助をしないことを明らかにし，その返す刀で，「主に，NPO・市民活動の支援や協働事業の推進，市民活動間の交流事業を中心に，事業の企画及び調整等にあたる」こととした．市民の立場にこだわって，市民活動を社会化することを市民スタッフの役割だとした．この市民スタッフに市民的地域政策形成の一翼を担わせようとしているとみたい．コーディネーターには，その活動を市民の立場からのものとして行うことが求められている．

地域の課題への対応や地域の未来に向けて，市民の立場から動くスタッフと組織を作ろうとしているわけである．協働は市民サイドと行政サイドが違

うものだという認識を基礎に，市民サイドからのスタッフや組織が必要だという認識がここにはある．同じ都市のしくみや空間を対象とした政策を推進するものであっても，市民と行政とでは，その手法と内容は異なるのである．考え方までも違う場合もある．三鷹市の市民協働センターは，その実情を理解した上で，市民活動の拠点として位置づけられ，市民の政策情報を形成する役割を担っている．市民の立場から地域の課題への対応，地域の未来に向けた方向づけをつくることを示唆している．その方策づくりが市民スタッフであり，そのマッチングがこのコーディネーターの役割だというわけである．

(6) 三鷹市の市民的地域政策のしくみ

本節で指摘してきたように，三鷹市は市民活動が行政と絡みながら，地域経営を展開しているという点で，市民活動の先進都市であり，市民的地域政策をつくりだす条件整備が進んだ都市である．コミュニティ・センター，計画への白紙からの市民参加，コミュニティ・ビジネス支援の少なくとも，3つのジャンルで，わが国の市民主体の地域政策において，推進のためのしくみづくりが先行しており，具体的な実践段階に入っているとみたい．そして，そこでの現在の市民サイドからの組織化による活動拠点が市民協働センターだということである．

したがって，ここでの市民協働センターは，それまでのテーマ毎に整備された行政機能の延長上に設けられる施設とは異なる．たとえば，既成の勤労青少年センター，婦人センター，保健センターなどは，行政主導を基本にしながら，市民の交流を促すものである．それに対して，この協働センターは三鷹市民の政策づくりを直接的に推進するしくみであり，拠点である．市民活動や都市の枠組みにおいて連携・パートナーシップを推進する住民・市民サイドのしくみとして期待されている．

3. 地方都市の市民活動支援事例（宇都宮市）

(1) 事例分析のねらい

本節では，地方都市の市民活動の動向をとらえるものである．宇都宮市はこれまで顕著な住民参加，市民参加の歴史をもっているわけではない．また，現在でも際立って市民活動の高まっている都市ではない．東京都心から100キロの位置にある栃木県の県庁所在都市であり，技術集積型の工業開発を積極的に受け容れてきた都市であるから，むしろ官の都市の色彩が強い企業都市である．

しかし，ポスト都市型社会としての成熟化による生活課題への真摯な対応はこの都市にも求められており，当時の福田富一市長は1999年4月の初当選直後から市民都市を提起し，2003年2月に策定された改定基本計画の都市像は市民都市を中心に掲げた．また，当選直後に市民活動の推進拠点として市民活動サポートセンターを立ち上げた．さらに，それまでの地域コミュニティを基礎にする地区行政について新たなあり方を模索した．

この事例は，地域社会や風土として市民活動の素地が十分ではないと思われる都市についてのものである．そんな地域にあっても市民活動とコミュニティ支援は今日的要請であって，それなりに対応せざるを得ない実態をとらえることにする．

(2) 宇都宮市のプロフィール

①経済的ポテンシャリティは高い

宇都宮市は，城下町，宿場町，門前町の要素をあわせもつ人口50万の栃木県の県庁所在都市である．また，国際的なリゾート地として整備された日光，那須・鬼怒川にも近接し，周辺部には畑，水田，森林のゾーンがなだらかに広がる地域であって，わが国で内陸最大の工業団地をもつ．100万人の圏域人口の北関東の中核都市である．

この地域は，東京都の中心部から北東方向に100キロ程度しか離れておらず，首都圏整備計画では都市開発区域にあたる．また，宇都宮駅が東京駅から新幹線で55分の時間距離ということもあって，上下線ともに新幹線通勤者は多い．「21世紀の国土のグランドデザイン」にいうところの北東国土軸は，宇都宮市を通っており，これからも人やモノの流動の激しくなることが予想されている．たしかに，国土の骨格的な道路の東北自動車道と国道4号が南北に走り，北関東自動車道が常磐自動車道，東北自動車道，関越自動車道，上信越自動車道をつなぐなど，経済的ポテンシャリティは高い．

②拡大を続けた城下町

　宇都宮市の行政区域面積は416.84平方キロでかなり広い．だが，旧市街地の宇都宮市（市制施行時の面積）はその4.3%の面積にすぎない．明治29年（1896年）に市制施行しているいわゆる老舗都市であるが，その当時の

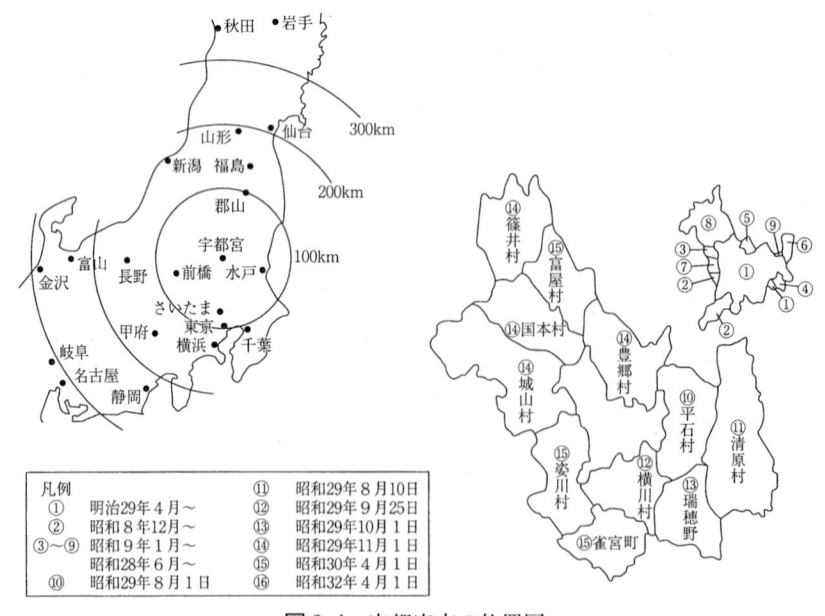

図3-4　宇都宮市の位置図

面積は約18平方キロでしかなかった．戦前から周辺地域を編入し，1950年代後半には毎年周辺地域を編入した．2007年には約312平方キロだったが，2007年3月末に上河内町，河内町との編入合併により現在の面積になった．宇都宮市の核の地域は近世の城下町であるものの，都市全体は農村的色彩が強く，そこに工業団地や住宅開発が進められた．そのために，この都市は同心円状に多様な地域が広がるという地域構造となっている．都心地域は多くの都市と同じく，中心市街地の衰退等による人口の空洞化を起こし，市域の周辺部でも山間部では人口が減少している．市外でも交通条件が整っていて，宇都宮の業務地域までの時間距離の短い地域には人口が流出する現象もみられる．

③多様化する都市機能

近年の宇都宮市は，地域のセールスが成功しつつある．北関東の拠点都市の宇都宮市は70年代以降に工場立地が進み，80年代からはテクノポリスの指定もあって，東京近郊の工業都市として成長した．郊外部への工場立地が進む一方で，都心近くの工場の撤退が起こった．宇都宮市は関東平野の北東の端に当たり，日光，鬼怒川等の自然公園，観光地を後背においている．また，家計調査での餃子の消費量が日本一だという実態から，市職員の提案によって開始された宇都宮を餃子の町として売り出す方策は成功している．「餃子の町宇都宮」のイメージは，ようやく全国に浸透しつつある．

また，2007年3月には宇都宮城の本丸の一部の外観が復元された．市役所に隣接して造られた宇都宮城本丸は，宇都宮城発掘の歴史教材として，都心部の防災公園として，中心市街地の再生として運用されている．その他にも，大谷石の活用等をバックに洋酒のカクテル，ジャズの街といった消費文化の醸成につとめている．

(3) 宇都宮市における住民・市民と行政

①宇都宮市政と市民

　宇都宮市行政は，1960年代以降から，着実に行財政システムの整備充実につとめてきた．市行政の企画調整機能や情報公開システム等が積極的に導入され，それぞれの時代における新しい課題に随時対処してきた．宇都宮市は，行政運営面でも，全国都市のなかで優等生の都市であった．

　市民と行政の関係においても，急進的な動きはとらないが，それなりの対応はされてきた．この都市は地方中核都市として，県庁所在都市として，関東地方と県内の市町村を着実にリードしてきた．市民参加，コミュニティ行政についても，標準的で一般的な都市において行われる程度のことは実施してきた．後述するように，最近では「市民協働」を掲げて，住民・市民と行政の両面において組織機能の再編が進められているが，その実施は都市内からの需要，要望によるだけでなく，市政をめぐる一般的動向への目配りによる面も強いと思われる．

②市民都市の提起

　本節の初めにもふれたように，1999年4月に初当選を果たした福田富一宇都宮市長（2004年11月から栃木県知事）は，その年の6月に行われた所信表明において「市民都市の創造」を掲げた．市民との直接対話により，多くの市民の生の声を聞き，市民による，市民のための，わかりやすい市政を実現すると訴えた．福田富一市長の市民都市のイメージとしては，「地域の構成員である市民が，情報を共有でき，市民の声が行政に反映され，また，市民が快適に暮らせる都市機能が充実し，市民みんなが次の世代の子供たちの育成を考える，水と緑の豊かな文化都市」[12]だとされた．市民を重視する行政姿勢とともに，目指すべき都市イメージを提起したのである．

　宇都宮市政においての公式の「市民都市」は，市長当選直後の所信表明によって登場したのだが，それ以降も市長発言を通して，少しずつ実体が明らかにされていった．その動きを追ってみよう．

まず，2000年3月に出された福田富一市長の施政方針では，宇都宮市の地域づくりを「市民都市の創造」による住民自治の確立を目指したまちづくりとし，「市民の自発的，積極的な参画によるまちづくり，市民福祉の向上のための様々な取り組み」の実現だと述べた．1年前の当選直後の所信表明が行政を中心に市民の声を聞き，それを市政に生かす趣旨であったのに対して，この施政方針は住民・市民側の自発的・積極的参画を求める要素を明確にした．

　次いで，2001年1月に出された市長の「新春の抱負」では，「市民都市の創造」の実現には「市民が主役，市民主体のまちをつくりあげていくためには，市民と行政の『協働』を基本とした各種施策，事業の展開が不可欠」なものだとし，「民意を市政に的確に反映させるとともに，政策形成過程への市民参画を充実する」とした．この抱負によって，市民主体のまちづくりとそのための市民と行政の協働が，新たに市民都市の要素の1つに含められた．ここで，行政側からの市民都市実現の課題と住民・市民側の市民都市実現の課題が「協働」によって接合されたともいえる．

　その1年後の2002年1月の抱負では，市民都市の創造の定義は2000年3月の施政方針で使われた市民都市としてのまちづくりと行政活動のあり方が繰り返された．また，真の市民都市創造についても言及され，「ボランティア活動など，様々なネットワークにおける自由で自発的な活動を通じて社会に参画していく市民が，ともに力を合わせて活力に満ちた社会を築いていくこと」とした．その後，市民都市の創造は2002年3月の施政方針，「市長及び市職員の行動規範」，2003年度の施政方針にも盛り込まれた．

　このようにして，新市長当選直後の政治的発言からはじまって，トップダウンによって繰り返し表明された「市民都市の創造」は宇都宮の都市づくりの基本的理念となった．2003年2月に決定・公表された「第4次宇都宮市総合計画改定基本計画」はその中心的キャッチフレーズを「市民都市の創造」としたのである．

　加えて，計画推進の基本姿勢として，4点が打ち出されたが，広域的連携

の推進以外の3つは市民，地域との関係についてものであった．すなわち，「市民が主体となった地域づくりの推進」「パートナーシップによるまちづくりの展開」「地域に密着した行政の推進」である．

2004年11月に福田富一氏は宇都宮市長を辞めて，栃木県知事選挙に出馬し当選を果たした．宇都宮市長選挙は福田富一氏の後継者となることを掲げた佐藤栄一氏が当選した．佐藤氏は，それまで宇都宮の市民活動にも，積極的に参加する民間企業の経営者であった．市民都市と宇都宮の都市づくりの政治姿勢は継続された．

③市民的対応のしくみと課題

ところで，宇都宮市行政における市民への対応のしくみはどのようなものであろうか．一言でいえば，市民対応のしくみはすべて揃っていたといってよい．後述するコミュニティやNPO活動の推進，すべての地区等において実施されているまちづくり懇談会，市政モニター，テーマ別懇談会，審議会における公募委員の選任，第4次総合計画改定基本計画の策定においての課題別の市民会議，パブリックコメント等にみるように，直接的な市民参加のしくみのメニューは，全国的にみても他都市にひけをとらない．

また，宇都宮市は地方都市としての熟度が高いこともあって，生涯学習，保健・医療，地域福祉，消費生活，景観や環境，リサイクル，国際交流等の分野での社会参加や市民活動が盛んである．

それにもかかわらず，これらの市民対応のしくみや活発な活動が市政を動かし，それが住民・市民に回帰するようなうねりになっているように感じられない[13]．また，市民対応のしくみは，それ自体が粛々と実施され，住民・市民もそれぞれの立場から積極的に参加し発言等を行っているのだが，それらが行政の成果に反映されているようには思えない．市民参加のしくみや市民と行政の協働の形式はつくられ，事実上運用されるのだが，従来の政策形成過程はそのままであって，参加する市民の側からみて，行政主導は変わらないような状況にある．この形式と実質の乖離が先にふれた「市民都市の創

造」がトップダウンによって提案される理由・背景かもしれない．それを明らかにするためには，もう少し行政の内容に立ち至って，具体的な検討を要しよう．そこで，コミュニティ行政，特定地区のまちづくり，市民活動サポートセンターについての実態を整理・分析する．

(4) コミュニティ政策の展開とその課題
①「コミュニティ」を求めて

宇都宮市のコミュニティ行政の出発点は，多くの自治体と同じく1970年代の初頭である．71年に宇都宮市は最初の総合計画を策定しているが，すでにその中にコミュニティ政策を行うことを記述している．70年に，自治省がモデルコミュニティの指定を始めていた．宇都宮市はその地区指定を受けていないが，その時期の総合計画に掲げているのだから，コミュニティ政策をいち早く取り込むことになったのであろう．

ここでの宇都宮市のコミュニティ政策が，実際上の事業において，どのように展開されたかを明らかにしえないが，その5年後の1976年に策定された第2次総合計画には，コミュニティ活動の育成に関する体系が示された．この時期に，コミュニティに関する施設建設や活動方針が計画化されたといえる．次いで，78年に栃木県のモデルコミュニティが宇都宮市内の泉が丘地区に指定され，市内に最初の地域コミュニティ・センターが設置された．また，80年には，市南部に位置する雀宮地区が県によりモデルコミュニティ地区に指定された．なお，3つ目の県モデルコミュニティには，陽光地区が1987年に指定されている．

この時期になると，宇都宮市のコミュニティ政策は本格化し，計画の段階から実践の段階に移行している．80年の市行政の機構改革によって，コミュニティ行政に関する組織的対応がなされ，市民生活課にコミュニティ係が設置された．この組織化によって，コミュニティセンター整備，地縁団体の育成・支援，市民憲章運動の推進が行われることとなった．

②政策単位としてのコミュニティ協議会

　この時期のコミュニティ政策は，地縁団体としての自治会中心の地域振興であって，市内のすべての地区の連合自治会（旧市街地では小学校区，合併によって旧市街地エリアの宇都宮市になった地域は中学校区）の広がりがコミュニティという新しい政策単位となった．そして，住民サイドの組織としてコミュニティ協議会と名付けられた．宇都宮市のコミュニティ協議会の結成のねらいは，団体間の相互調整，課題解決のかかる合意形成と実践活動であった．その中には行政への提言も含まれるものとみなされた．つまり，この協議会の活動を通して，トータルとしての住民活動の活性化が志向された．そのメンバーは，自治会を軸にして，体育協会，青少年育成会，老人クラブ，河川愛護会，PTA，社会福祉協議会などが参加した．その活動のための財源は，メンバーとなった団体からの賛助金と市からの補助金が充てられた．また，このコミュニティ協議会の会員から地域的課題解決のために設置された自治体行政のすべての専門委員会に参加することとされた．

　この協議会の設置によってはじめて，宇都宮市のコミュニティ行政のフィールドが明確になった．それぞれの地域的広がりにおいて，地域住民のふれあいと連帯に支えられた地域社会づくりが行われることとなった．それまでの出張所，公民館による行政サービスは，教育委員会の社会教育行政中心の一方通行的なものであったが，コミュニティ協議会をそこに投じることで，行政と住民，住民同士による相互交流の渦をつくり出すことがイメージされていた．この協議会の範囲が住民主体による互恵的な地域づくりの範囲だと認識された．そこでは新たな地域的広がりによるまつり，イベントによる地域連帯感の醸成，地域環境整備が志向されるようになった．

③地区市民センターへの期待

　昭和の大合併の時期に，宇都宮市の周辺町村部が宇都宮市に編入されていた．1989年には，その11地区を経営する機構としての地区市民センターを整備する構想が進められた．この中学校区の広がりにおいて，住民の地域活

動の場を確保し幅広い交流を促進することで，住民に身近できめ細かな地域サービスを提供しようとする考え方がとられた．それまでの合併地域は，宇都宮への一体化が重視され，出張所機能，社会教育機能によるサービスの個別化が進んでいた．それに対して，この構想によって，行政の地域への再接近が始められたともいえる．

もっとも，コミュニティ協議会の活動は，地区によって様々であって，交通問題や教育などの地域課題に応じた下部組織を設置して加入団体相互の連携をはかるもの，地域資源の発掘など地域づくりの具体的テーマと計画を定めて事業を推進しているもの，地域意思をとりまとめて行政への提言を行うもの，活動要請を行うもの等であった．また，この10年で継続的に活動しているのは，地区市民センターが整備され行政として一定の活動を行っている地区，都市開発等の重大な課題が存在し，住民が問題意識をもたざるを得ない地区であり，それ以外は活動規模が縮小，組織消滅の地区も多いといわれている[14]．

この37地区において1989年から91年の期間に地域診断（コミュニティカルテ）が実施された．住民意識調査，マップ調査を第1次調査とし，そこで発掘された問題点を第2次調査で追跡するという方式で，すべての地区で行われた．これによって地域の資源や課題が明らかになっているが，それが市政運営上で具体的にどんな風に活用されたのかという情報は得ていない．

2005年の時点で，地区市民センターは旧町村11地区のうちの8地区で設置されており，3地区にも建設計画がある．なお，地区市民センターには「地域振興担当職員」が配置され，地域広報紙の発行，各種イベントが開催されている．具体的な地区市民センターの活動については，後に清原地区を事例に取りあげる．宇都宮市本庁では，市民生活部地域サービス課が市内の地区市民センターの統括的管理を行っている．

旧町村地区以外の旧市街地域では，現在22の地区に会議室，図書談話室等の地域コミュニティ施設が設置されている．22施設内の17施設は小学校敷地内に設置されている．旧市街地域には小学校区単位のコミュニティが想

定されているわけである．

④住民の組織化

　時間の経過から前後するが，住民サイドの地縁的コミュニティの動向を整理しておこう．1947年4月から内務省発政令により国内の町内会は廃止されたが，宇都宮市にあっても市内の町内会活動はすべて禁止・廃止された．もっとも，町内の組織は廃止・禁止されても，それに代わる地域組織は生まれたのである．この点は全国的な動向として第2章においても述べているが，占領下の社会においても「町内」は解体されず続いており，それを支える近隣組織は形を変えて存続していたのだから，当然のことであった．たとえば，宇都宮市中心部の町内の元石町では「親和会」という名称で発足し，地縁組織としての役割を担ったという記録が残されている．

　それから4年後に講和条約が発効して，町内会活動の禁止が解かれた．宇都宮市では，この動きに呼応して，各地域において直ちに町内社会を支える地域組織が発足している．但し，その名称は町内会ではなく自治会となった．1954年以降に宇都宮市に吸収合併された旧町村の町内会もすべてが宇都宮市の自治会となった．1962年には地区レベルでの連合自治会が結成され，66年には自治会の全市レベルの組織の宇都宮市自治会連絡協議会がつくられた．

　このように町内を支える近隣組織が全市レベルまでの組織化を終え，自治会—連合自治会—自治会連絡協議会のつながりができた5年後に，前述したコミュニティ行政が宇都宮市で始まった．その後，自治会連絡協議会は1981年に「自治会連合会」に名称を変更し，連合会そのものにあっても，総務部会，社会部会，生活環境部会の3部会体制が整備された．この動きは，宇都宮市におけるコミュニティ行政の本格化と符牒を合わせた対応ともいえる．当時の自治会加入率は，戦後自治会発足以来のピークの92%に達していた．

　全市レベルの住民の組織体制はそれ以降も変化し続けていた．自治会連合

表3-4 宇都宮市における自治会等の状況

	組織の性格と活動の概要
自治会	性質：町・字・団地ごとに組織された地縁による任意団体． 設立目的：地域住民の親睦を図り，地域の発展と地域福祉の向上に努め，明るく住みよい地域づくりをすすめる． 規模：最大は1,200世帯，最小は9世帯，平均171世帯（2000年） 市内に709自治会（2000年4月現在） 会費：年額平均6,500円（月額550円）（2000年アンケート調査結果） 事業：①親睦活動（敬老会，婦人会，旅行会等），②防災防犯等（自主防災組織，防犯，交通安全），③地域環境整備（ごみ，道路，上下水道等の維持），④地域福祉（高齢者，子供会，育成会，募金活動への協力，⑤文化・スポーツ活動（祭，体育祭等），⑥広報（広報紙発行，回覧），⑦集会所の建設・維持
連合自治会	・旧市街地はおおむね公民館分館区，旧町村地域は地区公民館区の37地区ごとに設置． ・連合自治会の役員は地区内自治会の会長・会員から選出． ・費用は地区内の自治会が拠出． ・自治会事業の活動状況や意見の交換，共通事業の連絡等を行う．
自治会連合会	・37地区，709自治会の全市的組織であって，加入数121,840世帯（2000年4月現在）．全体の加入率は低下傾向をみせており，平成15年度で69.5％． ・37地区の連合自治会長が理事で，そこから正副会長，会計が選任． ・37地区連合会が会費を拠出． ・共通事業の実施，実施方法についての審議・決定．

注：宇都宮市市民生活課資料より作成．

会は83年には広報部会を設置し，84年には会則を変更して，特別の案件が生じた場合には協議機関として特別委員会設置を可能にすることとした．地域課題の発生に応じて，組織的対応のできる体制を整えようとしたのである．さらに，この全市レベルの地域組織は98年にそれまでの部会制を廃止し，市内を5つのブロックにした会議制とした．自治体連合会の地域回帰といえよう．このようにして形成された宇都宮市における現在の自治会，連合自治会，自治会連合会におけるそれぞれの組織の性格と活動の概要は表3-4の通りである．

ところで，自治会の課題は加入率の低下である．宇都宮市にあっても，自治会への加入率は毎年低下している．1996年に世帯の加入率は75.9％であったが，漸減が続き，2003年には69.4％となった．2005年には66.4％とな

っている[15]．その他，自治会には役員になり手がないために，役員の高齢化・固定化や会長職が多忙すぎる等の課題がある．

⑤自治会からの改革提言

そのような状況にあって，宇都宮市自治会連合会は「親しまれる自治会づくり特別委員会協議結果報告書」(2001年3月)を出した[16]．その提言は2つであって，第1は自治会は，いざという時に住民に頼りにされる機能をもつべきだということである．阪神・淡路大震災等の自然災害の発生においての緊急時に住民に頼られる自治会機能の有効性を踏まえて，心の通う自治会活動，会員間の親睦，相互に助け合える環境の創出，自分たちの町意識づくりを提言した．

第2は，地域に開かれた自治会づくりを進めるという提言である．自治会活動が一般住民に理解されていないのは，役員中心に行われており，それが閉じたものとして運営されているためではないかと，その委員会では認識されたのである．そのために，一般住民に対する自治会活動の情報公開や説明責任を果たすべきことが提言された．自治会会員としての住民によって，納得いくまで説明する資料としくみが必要だということである．具体的には，自治会の総会，班長会等の活用，自治会広報紙の発行等があげられている．さらに組織として信頼されるためには，会則・規約の整備，会議運営の適正化，会計処理のマニュアル化，募金活動を通じた会員間コミュニケーションの活性化，会費負担の適正化，自治会長の報酬，団体助成等についての改革をも提案されている．

ここでの宇都宮市の自治会は，かつての町内会活動の多くを継承したものであって，町内会の典型的な世帯が単位，自動加入，包括的機能，行政補助機能の4つの特性をもっている．それにあぐらをかいていたわけではないであろうが，加入率の低下，役員の固定化等の現実のなかで自治会の組織運営の抜本的改善による今日的な地域組織として再生するための提言を行ったわけである．

⑥高まる市民活動とその組織化

その一方で，市民活動として表現される自発的なテーマ志向の市民活動は盛んになっている．おおむね90年代の後半以降，ボランティア団体や小さな市民組織は急増した．NPO法人制度の創設，後述する市民活動サポートセンターや県の市民活動組織等の設置と運営が，この時期に始まったことにもよるが，宇都宮市の福祉，医療，リサイクル等の社会的課題への地域住民の社会参加は高まっていたわけである．

⑦コミュニティ政策の問題点，課題

このように宇都宮市のコミュニティをめぐる論点を整理してみると，いくつかの状況が明らかになる．まず，第1はコミュニティで表現しようとする関係・地域が一律に設置されており，制度や政策の柱としては整っているものの，多様な地域の動きに対応できていないのではないかということである．たとえば，地域コミュニティへの対応の宇都宮市の市政は，単独の自治会ではなく複数自治会を傘下にもつ連合自治会の枠組みと広がりをもって行うこととされている．そのために，連合自治会という中間的な地域組織との関係においてコミュニティ行政，地区行政として運用されようとしている．

繰り返すが，宇都宮市の連合自治会は，旧市街地では小学校区の単位で設けられ，旧町村の区域では中学校区単位となっている．旧市街地と周辺地域の2つのパターンでコミュニティ行政が進められている．前者には小学校という近隣社会の機能に期待し，後者は市民センターを設置して行政と市民の協働推進が想定されたように思われる．

後者の旧町村の区域には，地区市民センターの機能が整備されているために，行政職員がファシリテーターとしての役割を担う場合には，活発に動いているという評価を受ける．それに対して，旧市街地のコミュニティはその施設が地域コミュニティ・センターとして，設けられているものの，職員等の配置がなされておらず，行政とのかかわりが少ない分，活動内容が表現されにくい．結果として，そのコミュニティは活発化していないと見られてい

る．後述する清原地区は，旧町村の地域であって，行政と市民が連携して活動を進めているケースである．

　第2は，コミュニティは地域の枠組み，組織，場所を指しているだけで，それ固有の機能が位置づけられていないためか，そこで展開しようとする施策や事業が出発点の発想のままだということである．生涯学習，地域福祉，リサイクル等はコミュニティ独自のものとして，地域性が前面に出されてよいにもかかわらず，地区においても縦割り行政が貫徹されている．地域住民のパワーよりも，行政の組織力と行動力が強いことがそのまま表現されることになった．

　そして第3は，コミュニティ，市民と行政の協働とともに，抽象的な概念のままに置かれていて，地域の経験によって十分咀嚼されているとはいえないことである．とくに，コミュニティは共同性や共通の体験がその前提になければならず，その点からみても宇都宮市のコミュニティ政策は今後に残された課題は多いということである．

(5) 清原地区のまちづくり
①清原地区のプロフィール

　それでは，宇都宮市における地区とそのまちづくりの動向をみることにしよう．ここで扱うのは宇都宮市の鬼怒川左岸に位置し，東を芳賀町，北を高根沢町，南を真岡市に接する地域で面積約42km^2，人口約23,000人（2007年）の清原地区である．この地区は，1954年に隣接する芳賀郡清原村が，宇都宮市に吸収合併されたもので，元々は農業地帯であった．合併によって宇都宮市に編入された後の時期は，宇都宮市旧市街地等への農産物の供給の農業振興が進められていた．ところが，1980年代以降には，清原工業団地の開発が進み，それに付随して住宅開発などが進められた．この地域が宇都宮市の都心部から10キロほど離れているということから，都心に近い地域がスプロール的開発に悩まされたのに対して，計画的開発が進められた地域といえる．

表 3-5　清原地区の面積，人口，世帯数（2007 年）

	面積(km²)	人口	世帯数
清原地区(A)	42.08	23,103	8,493
宇都宮市(B)	416.84	505,425	201,643
(A)/(B)×100	10.1	4.6	4.2

注：資料は宇都宮市企画審議室資料（宇都宮市統計書平成19年版）から作成．

　この地区は，マクロな観点からいえば，いわゆる五全総において北東国土軸線上にあって新しい産業開発の適地と目されてきた．80年代には宇都宮テクノポリスの工業基地と位置づけられ，現在では隣接する芳賀町，高根沢町の工業団地とともに，宇都宮地区の工業集積地となっている．その中心に位置する清原工業団地の工業出荷額は宇都宮全市の工業出荷額の62.2%（2005年）を占めている．また，1991年には工業団地に隣接して作新学院大学が立地し，最近では，文教地区の様相さえ示している．

　近年では，農業，工業の産業構造変化，住民のライフスタイルの変化等を反映させて，この地区においても耕作地の放棄やスプロール的な住宅開発もみられる．また，地区内において人口増加地域と減少地域が同時に生じるなど，地域住民の多様な生活状況が表面化してきている．かつて，少子高齢化が進んでいたが，最近では持ち直している．15歳未満の年少人口の比率は7年前の2001年の13.9%から2008年3月末には14.0%に増えた．また，高齢者人口比率は同じく25.2%から17.0%に減少している．

　この地区は鬼怒川により隔絶されており，4本の橋による道路交通条件のために通勤通学時間帯を中心に市内で最も交通渋滞の激しい地域でもある．そのために，この地区と宇都宮駅等と結節する新交通システム（LRT）の整備構想が検討された．

②自治会連合会中心の地域管理

　清原地区は，合併前までは清原村としての行政の単位の政治的社会的関係があった．そのためか，清原地区のまとまりは，行政の活動はもとより，住

表3-6 清原地区の地域組織・活動の概要

	清原地区自治会連合会	清原地区自治公民館連絡協議会	清原地区社会福祉協議会	清原地区体育協会	清原地区地域振興協議会
地区レベルの役職	連合会長, 副会長(2), 会計, 監事(2), 河川愛護会清原支部, 保健委員協議会, 代議員	会長, 副会長, 事務局長, 会計, 監事(2)	会長, 副会長(4), 事務局長, 会計(4), 監事(2), 代表理事(7), 日赤募金担当(8), 社協会員担当(12), 共同募金担当(8), 歳末助け合い担当(9), 研修等担(8), 広報担当(5), 顧問(2)	会長, 副会長(4), 事務局長, 会計(2), 指導委員会, 競技運営委員会, 体育指導委員(4), 事務局員(5)	会長, 副会長(3), 事務局長, 庶務(2), 会計(2), 監事(2), 総務部会(15), 上下水道部会(14), 生活環境部会(14), 農政部会(19), 商工部会(9), 教育部会(17), 交通部会(17), 広報委員会(9), 顧問(8), 清原工業団地代表委員(3)
自治会レベルの役職	自治会長(19)	自治公民館長(20), 自治会の数に「氷室・青空」が加わっている.			

注：清振協だより46号（1997年7月25日）から筆者作成したもので, 現在のものとは異なる可能性がある. この他に民生児童委員, 福祉協力員, 地区青少年協議会の制度がある.

民・市民の活動においても，それらの活動を括る一種のフレームとして機能してきた．合併後に置かれた支所も，その後の出張所も，その事務事業が展開される物理的範囲は，原則的に旧清原村の広がりであった．住民・市民の活動は字の単位を基礎にしながら，横の連携としては旧清原村の広がりで完結していた．この旧村単位の広がりに関する組織は，区長会，町内会長会として自然発生的にできていたといわれている[17]．この地区の住民の活動と組織のフレームは今日まで続いている．

清原地区はそのプロフィールにも示しているように，宇都宮テクノポリスという地域全体の開発が，大型で計画的なものであったということから，住民サイドにおいても，地区の広がりをもつ地域組織は対内的なことばかりで

表 3-7 清原地区自治会連合会の主要事務と事業計画

連合会の主要事務	1. 行政と単位自治会との連絡事務
	2. 地域意見集約事務
	3. その他

清原地区自治会連合会の事業計画（2008年度）

①方針
地区内各自治会に共通する重要課題について十分協議するとともに，各自治会相互の連携を密にし，行政と協働による住み良いコミュニティを推進する．
②事業計画
(1) 地域内公共交通支援及び新交通システムの早期実現のため，清振協と協力し推進する．
(2) 自治会未加入世帯の加入促進．
(3) 防災訓練を通して，地域住民の防災意識の高揚をはかる．
(4) 地域防災組織のネットワーク化を推進する．
(5) 児童登下校の安全を確保する．
(6) 清原北小学校の複式学級廃止にむけての活動を支援する．
(7) 地域スポーツクラブの設立支援．
(8) 福祉ネットワーク作りと活動支援．
(9) 飛山城跡公園をまちづくりの拠点として，「きよはら飛山まつり」を推進する．
(10) ゴミの減量化，分別の徹底，リサイクル活動を推進する．
(11) 鬼怒の船頭唄全国大会，鬼怒の船頭鍋及び宇都宮マラソン大会に協力する．
(12) 「清原水辺の楽校」支援．
(13) 鬼怒川船下り支援．
(14) 清振協，自治公連と共催で地区新春賀詞交歓会を開催する．
(15) ふるさと宮祭り等の行事に協力する．

はなく，対外的なものとしても必要だったと思われる．宇都宮市の他の地区にはない地域組織として「清原地区地域振興協議会」（略称：清振協，以下，この略称で示す）がつくられたのはそのためだったとみたい．清振協は，1984年2月に，旧清原村の広がりをもって発足した．これは地域を大きく変えると思われる国家的プロジェクトの宇都宮テクノポリス事業を契機としていた．技術集積都市と翻訳される当時の新しい産業振興プロジェクトが，清原地区で進められる場合には，市や県の行政にまかせていては，地区そのものの利害を損ないかねないとの不安をばねに組織化された[18]．実際に，テクノポリスの事業は構想レベルのまま推移するが，この時期以降の清原地区には，幹線道路や橋梁の整備拡充，上下水道の整備，工業団地内の緑地整備，

史跡公園の整備等の公共事業や高校・大学の立地等が目白押しであって,住民サイドにおける市や県への陳情・要望のターミナルとしての役割を担っていった.

この組織のメンバーは,トップが自治会連合会会長であり,すべての単位自治会の会長か,その代表者が部会にその名前を連ねている.また,体育協会,商工会,農協,婦人会,土地改良区,工業団地管理協会等も清振協のメンバーとなった.清振協は清原地区の地縁的な地域関係をベースとしたものであって,自治会連合会と地域的範囲としては同格の地域組織である.自治会連合会は単位自治会をまとめ,全市的な連合自治会との連絡等の役割という一般的な活動を志向しているのに対して,清振協は具体的な地域課題やプロジェクトへのアクティブな対応を行う組織である.最近では,そのメンバーに福祉,国際交流ボランティア等の組織からも参加しており,顧問として,市長,地区を選挙地盤とする市会議員,立地する大学・高校のトップ,地区市民センター長も名前を連ねている.

③活発な住民・市民活動

この地区は住民の活動が活発であって,単位自治会や公民館活動等の親睦・交流活動とともに,地域福祉,国際交流,消費生活等に関する生活支援,地域スポーツ,音楽,工芸等による交流活動も盛んである.字単位のまつりの復活,地域文化の発掘(鎌倉室町時代の城址の研究から公園化へ,さらには公園管理のためのNPO法人の認証等,明治大正期までの物流機能を担った鬼怒川利用の船頭歌や食の復活等のイベント等)が行われているし,工業団地への外国人勤務者等を対象とした国際交流や高齢者介護や給食サービス等のボランティア活動等も盛んである.

また,これまでに住民による地区の農業マップ,地域資源としての地区の文化財マップ等が作成された.2003年5月には,住民自らが記述・作成した清原地区の50年史「清原50年の歩みと翔く未来」が刊行された.

これらのまちづくりの参加者には,この10~15年で移住してきた住民と

清原村以来の旧住民がほとんど区別されていない．自治会の執行部や住民活動のリーダーに移住してきた新住民がなっており，活動の自由度も高い．少なくとも，地区という広がりの視野からはそう見えるのである．

このように新住民に開放的なのは，工業団地開発，住宅開発等による外からの流入＝「宇都宮化，つまり宇都宮になること」が元々の閉鎖的部分を乗り越えたのか．それとも，潜在化したのか．そうであるとすればその手法はどのようなものか．そのような動きに地域組織，とりわけ清振協はどのような役割をもっているか等については，今後より一層の検討を必要とする．

④市民都市のイメージと清原地区の可能性

この清原地区における地縁組織を中心とした動向は，先にふれた首長主導の市民都市のイメージと異なっている．市民活動も活発であるが，おおむね地区の枠組みにおいて展開されているからである．

この10余年の全般的な経済環境の停滞が地域変動を緩やかなものにしており，その分，清振協という地区住民組織による住民利害媒介の余地があったように思われる．また，同時に自治会，自治会連合会・清振協といった地域的組織における多様な住民，市民の活動を柔軟に受け入れていることにも注目したい．そこでの開発情報（たとえば，季刊の「清振だより」は24年にもわたって，自主的に作成され宅配されてきた地域開発情報紙でもある）の継続的な発行の役割は大きいように思われる．その成果として，先にもふれた自主的な地域資源のマップ化，自主的な地域史の刊行につながっている．また，地区組織との連携をとりながら近隣へのサービスとしての介護福祉，環境リサイクル活動を徐々に高まりをみせている．

清原地区の住民・市民主体のまちづくりは，この地区組織が今後どのように動くかにかかっているように思われる．多様化する住民意識や行動を踏まえて，地区内部の活動を活発化し，地域的信頼を持続できれば，現在の宇都宮市が提示している市民都市とは違った，地区寄りのもう１つの市民都市が形成されるのではないかと思われる．

(6) 宇都宮市民活動支援の動向と課題
①市民活動サポートセンター開設

全国的な市民活動の高まりを踏まえて，1998年5月に宇都宮市庁内に「市民活動支援に関する研究会」が設置された．続いて，99年3月には宇都宮市全体の市民活動団体調査，市内企業の社会貢献活動の調査が実施された．この調査によって，NPO法の施行後の市内のボランティア活動等の高まり等が確認された．また，この時期は，第5章において述べているように，鎌倉市が98年5月に，高知市が99年4月，仙台市が99年6月に，それぞれ市民活動サポートセンターを発足させていたことにみるように，市民活動サポートセンターという新たな都市部の市民活動の組織化が各地で始まっていた．

99年12月の宇都宮市の政策会議において，市民活動を支援するしくみとしてのサポートセンターを設ける方針が決定された．次いで，2000年2月には市庁内部に「(仮称)宇都宮市民活動サポートセンター設立検討委員会」が設置された．この検討委員会において，先進地域の動向の整理，サポートセンターのしくみ，設置場所の検討等が行われた．同時に，「(仮称)宇都宮市民活動サポートセンター設立に関する懇談会」も設けられている．前者の検討委員会は，事業化のための庁内の横断的組織であり，後者の懇談会は市内のNPO法人関係者，市民活動団体，公募委員等によるサポートセンターを活用する主として市民サイドの会議である．懇談会はセンター機能等に関して利用者の意向等の集約を目的としていた．これらの委員会と懇談会の成果等を踏まえて，2000年の6月に，公設公営の市民活動サポートセンターの設置が市役所において庁議決定された．市民活動サポートセンターの設置場所は，駐車スペースの豊富な市立図書館の併設されている東コミュニティセンター1階のフロア・スペース等となった．2000年度10月1日に，宇都宮市民活動サポートセンターは予定通り開設された．

サポートセンター発足の際の登録市民団体数は203であったが，それから2年2カ月後の2002年12月には約4割増の285団体となっていた．このセ

ンターが全市的な組織として，地域に受け容れられたということもできよう．

②サポートセンターとその運営
　このサポートセンターは，宇都宮市市民生活部市民生活課（当時）の所管によるもので，課担当職員等が窓口に座り，パンフレットスタンドや掲示板を置き，運営が開始された．活動項目は，市民活動に関する情報の収集・提供，談話室，メールボックス掲示板等利用による市民間の交流，市民による講座・研修のバックアップ等であった．行政サイドからみれば，市民活動に関する行政支援の延長線上に，このサポートセンター機能が置かれたわけである．開館は日祭日にあっては，9時から17時，火曜日から金曜日には9時から22時までとし，毎週月曜日と年末年始の数日が休館とされた．ともあれ，この施設の発足により，「市民都市」宇都宮市のテーマ型のコミュニティやネットワークへの市行政の姿勢と窓口が明らかになった．
　市民活動サポートセンターの発足と同時に，このサポートセンターが市民に利用しやすいものになるように，センターの運営や事業の内容等について検討を行うための任意組織として市民活動サポートセンター運営会議が設けられた．この会議は2000年2月設置の懇談会，同年8月設置の市民活動サポートセンター運営会議準備会の発展的解消として成立し，独自の市民活動に携わる20名がメンバーとなった．また，このメンバーは完全な無報酬の自発的参加を原則とするものであって，発言等の自主性は守られていた[19]．この運営会議は，市民による経営に移行するまでは，実質的に大きく2つの機能を担っていた．1つはサポートセンターに関するソフト面の事業活動の推進であり，もう1つはサポートセンター活動に関する評議や提案に関する活動であった．前者の活動としては，情報紙の発行，自主的な市民のまちづくりの会議，講演会，研修会，勉強会の企画・実施であり，後者の活動としてはメンバー有志によるサポートセンターのあり方を考える勉強会や月例の定例会での討議等が上げられる．もっとも，前者の活動のシナリオはすべて市の担当セクションによるものであった．

発足から2年後の2002年10月1日から，この市民サポートセンターの運営を市民の運営に委ねること（市民営）が決定され，新たに「宇都宮市市民活動助成基金」が設置された．この市民活動推進に関するしくみの変化（しくみの形式としては前進と評価される）は当時の福田富一市長主導によるものであった[20]．運営を市民に委ねるということは，市民活動サポートセンターをそれまでの行政の直営から市民活動組織に移行しようとするものであった．その場合の移行先選定（コンペ方式等）の手法が行政内部において議論された．結果として，それまでサポートセンターの運営に絡んできた市民活動サポートセンター運営会議そのものに，運営を委託することとなったのである．受託することになった運営会議は，そのメンバーから専従者を選び，彼らが事務局の中心となって，これまでのスタッフをリードするという方式がとられた．もっとも市民営のサポートセンターになったといっても，運営費の全額が市より支出されたのだから，予算面からそれまでの行政において運営されたことの跡付けとならざるをえなかった．

　それでも地域通貨の研究や市民主体のまちづくりの勉強会等が持続的に進められ，2003年9月には，市民活動サポートセンター3周年記念のPRと市民活動団体の交流イベントを宇都宮最大の見本市会場で開催し，宇都宮の市民活動団体とその支援のしくみの存在を誇示したのである．

　ところで，宇都宮市市民活動助成基金は，前年度の市民，企業等による市民活動への寄付の総額と同額の資金を市財政より拠出することで，基金を生み出し，それを財源にして翌年度以降に市民活動助成を行おうとするものである．基金の増殖を市民，企業と宇都宮市が協働により行うことから，これはマッチングギフト方式とも呼ばれている．2003年度を初年度に実施され，その6月にはこの助成基金から市民主体の市民活動助成審査会においてスタート支援コース（団体のスタートを支援するもの）7件，ステップアップ支援コース（結成後2年以上経過した団体が対象で，それまでの継続事業の拡大か新規事業実施の支援）5件の助成が決定された．最近の動きをみると，市民側からの寄付は，2007年度450件，1,036,441円であった（宇都宮市ホ

―ムページ).

③市民活動推進の問題点

　宇都宮市の市民活動に関する支援のしくみは，県内はもとより全国的にみてもトップクラスのものである．この分野はもともと市民領域と行政領域の中間に位置するグレーゾーンであって，先にふれた市民的地域政策とともに，トップリーダーによって，当初は行政機能の延長線上として行政主導により実施された．そのために，窓口，情報，施設等の支援の外形の整った公設公営の市民活動サポートセンターが設けられたのである．

　このサポートセンターの活動は，グレーゾーンについてのものだとはいっても，行政主導で運営が進められた．ここでも市長のリーダーシップにより住民・市民の世界を起点とするという原則を重視して，発足後1年で公設市民営に切り替えられた．また，この切り換えの時期に，資金面からのサポートのシンボルとして，先にふれた宇都宮市市民活動助成基金が創設された．しかも，この基金の資金造成を住民・市民の小さな援助としての寄付に連動させて行政が積み増しすることや，基金の運用も市民代表による審査会において応募団体のプレゼンテーションを必須項目としており，審査結果も一般公開が原則という方式を採用している．住民・市民の世界において市民活動支援が行われるというストーリーがここには貫かれている．それは市民主導ではなく，行政主導であった．

　ところで，このような行政によるいわば先手による対応は，市民活動支援機能の充実につながっているのか．そのような疑問を提起するのは，支援の窓口，施設，資金面の手当ては手堅く行われているのであるが，市民特有の共同体験やコミュニティとしての結束が，このプロセスに見えにくいからでもある．

　市民活動サポートセンター運営会議に集まる活動のリーダー達は，それぞれの所属する団体やグループにおいて実績を上げた人々だが，運営会議の位置づけやメンバーとしての温度差は大きいものであった．実態として，個々

の市民活動を超えた都市の市民活動のあり方を見出しえていないというのが当事者としての実感であった．それにもかかわらず，市民活動の方向が決まるのは，やはり行政のリーダーシップがそこに利いているからといえる．

しかし，その一方で市民活動サポートセンターの発足以来の地道な「市民の手によるまちづくりを話し合う会」等による社会環境づくりのための勉強会や交流イベント等の自発的開催に注目したい．住民・市民の生活現場を都市の広がりにおいて確認し，その課題を自発的に解決しようとする工夫こそが，本来の市民主体の市民活動支援を見出す可能性を拓くものだからである．

2005年9月，市民有志により特定非営利法人宇都宮まちづくり市民工房が設立された．その前年の12月に，市民活動センター運営会議のメンバーや地元大学教員等により，その準備会が発足していた．行政主導によりつくられた市民活動センターの受け皿を，市民によって自主的に運営するという理想に集って，つくり変えるという行動ともいえた．それから10カ月で先にふれた宇都宮市民工房が設立され，この団体に市は宇都宮市民活動センター運営の指定管理者として委託した．ここで，まちづくり市民工房によって，市民活動サポートセンターはようやく名実ともに市民化した．2006年度から市民活動センターは宇都宮地域全体の市民活動のニーズとシーズのマッチングを行っている．

(7) 宇都宮市の市民活動の可能性

宇都宮市における都市像としての市民都市，コミュニティ行政や自治会の実態，地区行政におけるまちづくり，市民活動推進の最近の動きを検討してきた．たしかに，住民・市民重視の政策展開が進められている．だが，そのエンジンは行政サイドの方にあって，しかもより大きく強い．それも，この8年間は，市民都市を標榜する2人の首長がリードした．1人は現在では，栃木県知事となった福田富一氏であり，もう1人は元々市民活動の経験をもち，その後継者となった佐藤栄一氏であった．この2人の市長が宇都宮の市政の中に市民活動を導入し，積極的なものとして位置づけた．

そのために，行政の姿勢や政策の方向が，住民サイドにシフトし，多くの市民関連の事業が的確なものとして進められた．それにもかかわらず，宇都宮市では住民・市民サイドにおいてそれに応じられる文化や能力を形成しえていないように思われる．そこに行政と市民の協働が行政サイドから示されながら，市民サイドにおいてそれを受け容れる文化が育っていないという実態である．これが，行政主導の市民と行政の協働関係の将来への継続性には不安の影をおとしているように思われる．

2003年2月に，宇都宮市は「行政経営指針～時代を切り拓き躍進する都市を目指して～」を発表している．この指針は行政改革の流れを汲みながらも，行政サイドからの市民との協働を目指すものであって，宇都宮市にとっての市民都市実現に向けての1つの方向といえる．この指針においては，これからの行政経営像として5つを示しているが，そのうちの最初の3つは市民との協働に関するものである．すなわち，市民との情報の共有化を志向する「分かりやすい行政経営」，市民との信頼関係により公共の課題をともに解決する「市民と共に歩む行政経営」，市民の意見・提言を聴き市民ニーズを反映したサービス提供を志向する「市民の期待に応える行政経営」であった．

このように，宇都宮市の市民活動支援は行政サイドから進められている．これからの課題は，市民自身による市民活動のコミュニティ文化としてのしくみの構築である．

4. 過疎地の市民活動支援事例（山梨県早川町）

(1) 事例分析のねらい

　この事例は過疎化の進む山村地域に関するものである．ここでは，人口15,000人の南アルプスの麓にある山梨県早川町の山村地域を経営する意義と，河川の上流域での生活の価値を現代社会において問い直し，その推進に係る課題を取り上げる．そこには，住民，市民が直接的に登場するわけではないが，山村の暮らしとその変化への行政等の対応に，住民，市民の活動のありかを探ってみたい．

　ところで，生活条件の不利な山村地域では全般的な都市化過程において人口や地域機能が流出してきた．山村過疎地域の多くが自治体行政を中心に振興策を実施するものだが，この事例は，もう1つの地域の特性を軸にした地域内外の人々と行政の連携によってつくり上げたしくみによるものである．それは「日本上流文化圏研究所」である．

　この研究所は，1つの小さな山村が設立するものとしては，あまりにも大きな名称の研究所であるが，経済的効率性に過度に依存してきたわが国の地域開発の常識を打ち破って，山村文化の豊かさを発掘し，何よりも住民・市民にそれを認識させるためには，その設置は必要なことであった．ここでの住民・市民は上流圏の意義を理解する人々であり，そのネットワークである．

　この事例では，日本上流文化圏研究所設立の背景，活動の意義等を明らかにするなかで，行政と住民における中間機能のコミュニティ支援の要素を示す実態をとらえることにしたい．

(2) 早川町のプロフィール

①森林と水の町

　山梨県早川町は森林と水の町である．この町は日本の屋根といわれている南アルプスの赤石山脈の一角にある．しかも町の中央部をフォッサマグナ

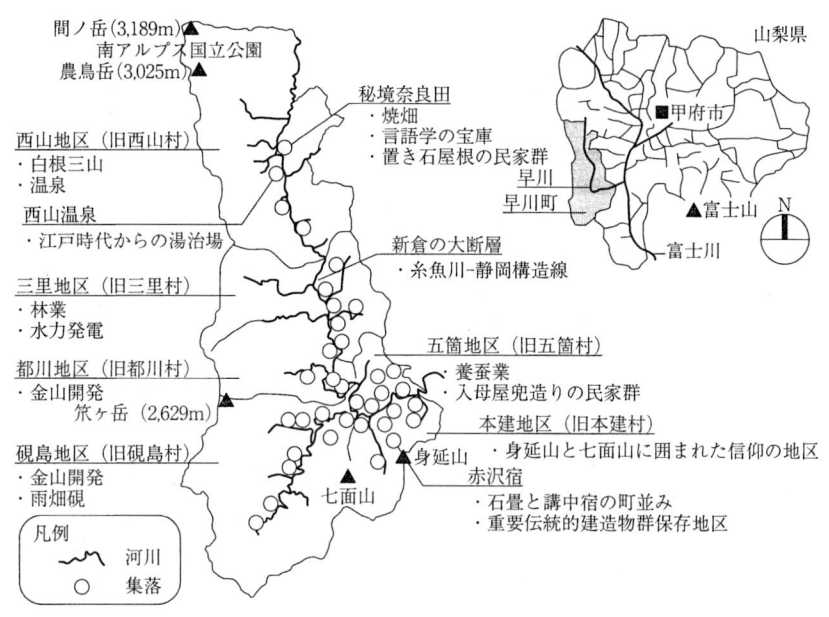

第3章　市民的地域政策事例の検討　　　　　　　　　139

図3-5　早川町の位置

（糸魚川静岡地質構造線）が縦走している．この地に入ると，ここでの生活には，何か不思議なことや奇跡が起こりそうな雰囲気を感じる．早川地域内には2,000mを超す山がたくさんあり，山並み越しに日の出時におけるダイヤモンド富士を見る適所もあって，登山愛好家にはよく知られた地域である．林野率96％の山深い中山間地域である．

　静岡市域の太平洋への大河川の富士川に，流れ込む早川が早川町の河川であって，この川がもたらす平地部や道路が動脈をなしている．その早川に流れ込む渓谷の河岸に集落が点在し，それを道路がつないでいる．河川の利用は明治期までであった．江戸時代には，域内の金山からの甲府金や木材の運搬等の交通手段となった．早川舟運によって静岡との交流が盛んに行われた．静岡地方に早川町民の縁者は多いし，静岡地方とこの地域で方言が一部重なっている．そういう地域だから，全体は山深い地域であっても，集落形成の地点は高い所で標高800m程度，低い所になると300mと意外に低い．だが，

行政面積は広い．全体で約3,700haもあり，南北間で38kmと縦に長い．この広さと集落の分布は，6つの山村が昭和の時代に合併してできた町であることを教えている．

後述するように，旧村の各地では金山，信仰，温泉，硯石等をもって，長い間生業にしてきた．それを反映させた個性的な風景を旧村の中心部は残している．地域のほとんどが森林なのだから，全体としては単調な風景である．

②変貌を繰り返してきた町

このような山深い地域であるにもかかわらず，奈良・鎌倉の時代から人が往き来していた．日蓮宗総本山の身延山は早川町に隣接している．早川町内にも，修験の霊山七面山がある．また，室町時代には，町内の山間部で金山の開発が行われ，地元産出の石を使った硯の生産・加工，温泉を生かした湯治場開発，林業や養蚕等の山村特有の生業を育んだ．

大正時代から，この地形と水資源を活かした水力発電の開発が始まった．大正10年に，早川第一発電所が建設された．それ以来，早川町の地の利を活かした水力の電源開発は1970年代まで続いた．民営，県営合わせて13ヵ所もの発電所が建設された．これほどの施設数をもつ市町村は全国でも類例をみない．地域における電源開発と引き換えに，道路整備が進み，多くの外来者を得た．町はそれによって一時的な経済的繁栄がもたらされ，この地域にも都市的雰囲気すら生まれた．もっとも，そんな時代は長くは続かない．わが国社会においての水力エネルギー依存の時代は長くはなかった．経済的効率性を基準に地域を切り開き，水をせき止める開発は終了し，多くの電源施設は無人化し休眠化している．

地域にとっての過剰な投資が一時的に行われ，地域の意向や事情とは無関係に事業が終了し撤退していくことで，海の潮が引くように，人口も機能も地域から失われていく．電源開発のために，根こそぎにされた山林・山村の暮らしとそのインフラは失われたまま，人がこの地域を去っていった．山村の電源開発は，同時に防災投資も行われた．この開発そのものが自然災害に

弱い地域に変えていたのだから，電源開発が終わり，人がその場から去ると，災害が起こることは当然の事理であった．その結果，災害と災害復旧のいわばいたちごっこが町内各地で起こった．

この町の経営において発想を変え，もう一度地域の資源に目を向けるようになるのは70年代後半まで待たなければならなかった．過疎化が進行するなかで，地域の資源や文化に目を向け，全国各地の同様の地域や逆に都市部の地域との交流を始めた．過剰開発後の過疎化の次に来る時代への備えを開始したのである．

③人口が減少し続ける

時間がゆったり流れる時代には，早川町は山岳地帯の恩恵を受け，人の往き来もあった．この地域は古くから人が住んでいた．6村合併により早川町が誕生した1956年には，人口8,000人を超えており，1960年の国勢調査人口では1万人を上回っている．この時期がピークであって，その5年後の65年国勢調査人口は6,565人になっていた．わずか5年間で総人口の3割以上の人口減少が生じた．大変な数の人口移動が生じたのだが，事故や災害等の発生によるものではない．社会経済の構造的な地域変化があった．水力による電源開発からの撤退が，極端な人口減少をもたらした．人口の減少は今日まで続いている．

2005年の国勢調査人口で1,534人，763世帯である（以下の人口数は特にことわらない限り，2005年国勢調査人口）．人口，世帯数ともに前回の国勢調査人口よりも1割以上の減少である．36の集落は，人が居住しているという点では，ぎりぎり維持されている．

この町には高校がない．そのために，中学校卒業の15歳からは町外に出るのが一般的である．その年齢に達するまでの年少人口（15歳未満）は127人しかいない．子供たちは，さきほどふれたように地域が広いので，北と南の2つの小学校と1つの中学校に通っている．65歳以上の高齢者は822人であり，すでに生産年齢人口（791人）を上回っている．高齢者中心の社会

となっている．数そのものは多くないが，この地域に居住しようとする人口もある．いなか暮らし，林業への新規就業者，工芸家等である．

④山地特有の多様な地域産業と生活特性

地域の主な産業は農林業である．だが，農業は山村であるために，耕地面積が少なく，通常の産業論でいうところの「主産地」を形成するほどのものはない．作物は自家用消費のためのものがほとんどである．また，高齢者の農業ということもあって，大豆，そば，こんにゃく，茶，梅，山ぶどうなどを奨励し，町の特産品としての振興がはかられている．

林業は後継者が不足しており，就業者の高齢化により従事者も減少している．森林の維持管理も厳しい条件となっている．それでも細々と除伐，間伐，育林等の管理体制が維持されている．しいたけ，なめこ，まえたけ等の特用林産物の生産・加工・販売を中心とした付加価値の高い森林経営が志向されている．若者のＩターン林業の就業が見られ，明るい兆しもみられるという．

生産高からみれば，早川町の主産業は観光業である．豊富な温泉の湯量を誇る西山温泉と奈良田温泉はかなりの数の根強いファンをもっている．また，河川での砂利採集業，特産品の茶やハム等の工場も地元の貴重な雇用機会になっている．

さて，早川町の地域資源と生活特性である．自然環境の豊かな地域だから，四季の彩りがあり，山村の里としての風景をみせている．そして電源開発以前に，地域の人々が築きあげた生産技術や生業が地域の資源であり，生活特性を構成している．硯石の加工，信仰のための来訪客をもてなした赤沢集落の伝建地区，まつり，遊び，郷土料理等が育まれてきた．この町の暮らしを表現する遊びや郷土料理の復元は，後述する日本上流文化圏研究所による，掘り起こし活動によるところが大きい．

(3) 早川町におけるまちづくりの課題

①戦後以降60年の動き

　戦後以降から今日60余年の期間で，早川町におけるまちづくりはおおむね次の4つの時期に区分できる．第1期は，戦後の資源開発が行われた時期であって，電源開発を中心に旧村単位の地域振興が図られた．町外から多くの人が流入し，電源開発景気に沸いた．地域外へのエネルギー供給を目的とするデベロッパーによる地域開発であって，エネルギー産業投資過程のインフラを町民が生活基盤として活用するものであった．

　第2期は，高度成長期の始まりの時期である．この時期には，国内各地のそれまでの工業化の高度化に伴い，エネルギーの水力から火力への転換が進んだ．そのために，水力発電の資源開発地域としての本町の事業規模縮小を余儀なくされ，人口の流失が起こった．過疎化の始まりである．また，国内各地で町村合併が進められ，この地域でも6つの村が合併した．昭和の大合併である．

　第3期は，過疎化の進行の下で，過疎対策による公共事業等が積極的に行われるなど，地域の需要創造に努める．だが，過疎に歯止めがかからない．そして，第4期は，第3期に引き続き人口や地域機能の流出が続く．けれども，早川町特有の生活文化や個性に焦点を当て，住民とともに地域資源を確認しつつ売り出し，住民としての自信を形成しながらまちづくりを進めていこうとする時期である．以下は，この第4期におけるまちづくりの動向に関するものである．

②契機としての災害復興と住民本位の姿勢

　1982年の台風10号による被害は，山間地域としての小さな災害に慣れていた早川町民にとっても大きく，その復旧・復興には長期的対応を必要とした．この台風災害発生の1年前に，初当選した現在の辻一幸町長は第2次早川町長期総合計画を見直し，町民参加を基礎とした第3次計画の策定に着手した．全国的には，形式ばかりの住民参加が行われていたが，早川町はそう

ではなかった．災害復興過程ということもあって，町民の参加意欲も高く，町民意向を第3次総合計画の策定の中で徹底的に集められた．また，すべての集落での住民リーダーへのヒアリングが重ねられ，集落を超えて町内の全分野にまたがる町民参加による「50人委員会」が設けられ，早川町の将来設計が行われた．

この時期に，住民サイドによる自発的活動が動き始めた．1980年に早川町赤沢地区のUターンしてきた若者10数名が自主的に青年同志会[21]を結成しており，83年には勉強会を軌道に乗せていた．その3年後の86年には，赤沢地区で空き家となった旅館を買い取って集会所として復元するなど，町並み保存に取り掛かっていた．続いて87年に，伝統建造物群保存の調査が行われた．さらに，90年10月には，保存条例制定による伝建地区指定，93年にはこの地区が文化庁の赤沢重要伝統的建造物群保存地区に選定された．これは赤沢地区住民の主体的行動なくして実現しなかったもので，その後の早川町における住民サイドの自主的なまちづくりの実績となり，住民の自信となった．

1984年には，町民参加の成果を盛り込んだ第3次総合計画が策定された．この計画は，それまでのバラバラに行われていた過疎対策事業を総合化し，地域の魅力づくりを行うものであった．また，合併から28年を経過したこの時期において，あらためて旧村地域の広がりが着目されることになった．これが旧村地域の魅力づくりのための「旧村一拠点」の方針であった．この方針は，それまで行われてきた水資源開発時代の開発利益を，6つの旧村に再配分する政策ではなく，水資源開発以前の地域的つながりの単位の地域社会を復活させ，それぞれの地域の個性や魅力を重視するまちづくりを行うことであった．それまでの全町一体整備から地区整備への方針転換を図った．公共事業等による効果優先に向けての統合化の発想から，住民および居住地の個性と魅力を創造するための分化・分散の発想に変えたのである．別の言い方をすれば，抽象的な広域自治体としての整備論をやめて，住民に身近な地域社会の広がりを住民と行政が新しい「公共圏」として共有し，その地域

の拠点をつくっていこうとするものであった．

③地区社会の再生のための観光

　6つの旧村地区におけるテーマは，包括的で地域変革的なものとして，「観光」資源の発掘であった．そして，各地区において観光資源発掘のための拠点施設と，それを運営するしくみとしての地区の振興協議会が設けられた．この拠点機能は大字単位のまちづくりの場となって，旧村地区における資源の掘り起こし拠点として活用された．そこから新たな早川町民による地域産業「観光と農林業」が芽吹く．

　一方，行政サイドにおいても，この旧村6地区それぞれの主体性を認めて，地区単位の振興協議会の結成を応援した．町村行政は，まちづくりの拠点施設のハード整備とともに，地区主体のまちづくりの組織化を支援している．6地区の組織と活動内容にはバラツキがあったが，第3次計画策定から4年後の88年に，6地区共通の産業振興の組織としての位置づけをもって，「南アルプスふるさと活性化財団」が設立された．6地区での独自の観光開発によって生み出された事業や製品を，町内外に売り出すという機能を核にしながら，常時旧村6区を支援する機能をもつこの組織の成立は，抽象的な町単位の行政中心で縦割りの地域整備依存の危うさを回避し，町民の目に見える地域の魅力を産業に変える町体制の可能性を提起した．早川町を観光の町として売り出しながら，地域アイデンティティを確立しようとする戦略が全町化した．

　人口の流出はそれで止まったわけではない．だが，地域の県，国，外部の企業への依存体質は徐々に変えられ，早川町という地域に生きる者としての自信に裏付けられたネットワークの形成が始まった．

(4) 上流文化圏構想と日本上流文化圏研究所

①ビジョンとしての上流文化圏構想

　早川町の第3次長期総合計画の計画期間終了2年前の92年から，第4次

長期総合計画の策定が始められた．すべての集落においての住民リーダー・ヒアリング，集落代表を超えた町民参加の「50人委員会」は第4次総合計画の策定過程においても踏襲された．

　第3次計画と大きく変わったのは，町外者の意見を取り入れたことであった．もっとも当時，多くの市町村で行われていた民間シンクタンクや外部コンサルタントへの調査や提案依頼によるものではない．早川町に何度も往き来してきたまちづくりの活動家，地域研究者，有識者等のいわゆる早川町ファンの面々の協力を得ることであった．また，辻町長によるそれまでの町内外での精力的な活動や新しい観光組織「南アルプスふるさと活性化財団」の取り組み等は，全国各地に多くの早川町ファンともいえる人々を着実に増やしていた．そのような背景もあって，第4次計画策定開始前年の93年には，県内外のまちづくり活動家，地域研究者，有識者30名をメンバーとする「南アルプス邑ゆうげぇし集会」がスタートしていた．「ゆうげぇし」とは協力や協働を表す早川町地域の方言であって，この時期以降の早川町のまちづくりは，早川町を超えたエリアからの協力を得ながら進めることを，公に示したわけである．

　第4次早川町総合計画は1994年に策定された．その副題には「日本・上流文化圏構想―早川22世紀計画―」と記されていた．この副題は早川町の未来を国内，国外の地域づくりと共鳴・共振しながらつくっていこうという意図を集約的に表現したものであった．つまり，河川の上流地域は国内の過疎地ばかりではなく世界中に存在しており，そこでの生き方や地域文化を大切にする道筋を辿ることには，普遍性がある地域振興であるとみたのである．そこに，早川町のまちづくりを行う方向を見出した．しかも，5年や10年という行財政運営における時間単位ではなく，3世代程の時間イメージのものとした．小さな町の大きな計画であった．大風呂敷ともいえる総合計画であるが，そこまでイメージを膨らまさないと過疎地にそれまでに染み込んだ衰退に向かう流れをくいとめることはできないと認識していた．

　第3次計画が，住民の関心と活動のフィールドを旧村の地区に集約し，そ

こからの新たな早川町のまちづくりを進めるという方針だったのに対して，第4次計画は早川町の広がりにおいて，その特性をグローバルで超長期的視野から主体的なまちづくりを編み上げようとするものとなった．そこには，それまでのまちづくりの前提条件とされていた「山村地域」や「過疎地域」という用語が与えるマイナスイメージを払拭していた．そのシンボル的政策として進められたのが日本上流文化圏研究所の設立であり，旧村6地区に重層的に広がる「第7の村づくり」であった．

②水は生命のもと，上流はその始まり

　第4次早川町総合計画が発表される直前に，「日本上流文化圏宣言」が公表された．その前文には，水と水の流れについての見方，考え方が語られた．つまり，水は生命のもとであり，上流はその始まりに位置すること，都市部を中・下流に位置づけて，早川町のような地域が上流にあることを説いた．その上で，「私たちは，自然や社会のさまざまな領域にわたり，上流という地域が持つべき姿を学びはじめるとともに，その実現に向けて行動をはじめます．そして，多くの上流圏と交流を深めながら，地域を，そして日本を動かしていきたい」と述べている．

　わが国は都市型社会になり，都市の文明による論理がまかり通っているなかで，早川町のような自然の論理に沿って生きる地域を見失いがちである．都市型社会であり，そこからそれを超えた新しい社会像が志向されているからこそ，その起点として自然の摂理を大切にするような自治体の意義が再評価されるべきだとみられていた．このような自然の摂理に沿って生きる上流地域は，地球上に少なくない．それらの地域間での経験等を交流することで，国のシステムに影響を与え，上流地域の大切さを認めさせることにしたいというのである．

　この宣言によって，早川町は自ら過疎地域でも中山間地域でもない，人間の暮らしの原点，起点の地域であることを示した．都市の存在を前提としながら，都市に優位する「上流文化圏」地域の価値を見出したのである．

この日本上流文化圏宣言を受けて、第4次早川町長期計画が策定された．この計画は計画項目や内容よりも，その計画のなかに地域価値がもられた．たしかに，第3次計画はそれまでの多くの計画とは違って，積極的に地域資源に向き合って，観光を軸に旧村単位の地区から資源形成を指し示すものであった．その点では，他地域における計画レベルを超えたユニークなものであった．第4次計画はそれを新しいものとした．農山村振興の新しい哲学＝上流文化圏を付与することで，河川の上流部で生活を営む地域のまちづくりとしての普遍性を獲得しようとしたのである．

　現在でも過疎化や高齢化の進行は止まっていないし，地域機能の保持すら難しくなっている．ところが，この構想のスタンスは，それとは別個の次元として早川町の地域にふさわしい新しい文化や暮らしを創造することとしたのである．だから，その実現のための期間も100年を要するものとした．そして，その起動力を新しい組織に求めた．96年4月には早川町は全額出資の任意団体として，新しい組織の「日本上流文化圏研究所（理事長・下河辺淳）」を発足させた．

③研究所の体制と活動づくり

　さて，日本上流文化圏研究所（以下，研究所として略記する）の活動はどのようなものだったのか．2008年4月で，発足後13年目となった．研究所は徐々に成長し地域化しているが，その動向を整理してみたい．

　人口が1,500余人の小さな山村が，大きな理想をもつ「研究所」という看板のしくみを発足させたのだが，その当初の実態はネットワーク組織であった．町役場の企画振興課にその窓口が置かれ，当初は専従の職員や研究員すらいなかった[22]．それでも上流文化圏という山村の中山間地域のとらえ方，考え方のおもしろさ等に共鳴し，町内外のまちづくりや山村交流の専門家，大学教員，学生などが集まりその活動を支えた．その中で，ゆっくりと研究所の組織化が進められていった．

　そのリーダーシップを担ったのは，辻早川町長と若者であった．辻町長に

よるトップリーダーとしての活動は，積極的で眉目を画するものであった．早川町の地域資源を上流圏思想を基礎に，町役場，県行政等の調整を行うとともに，町民，町外の協力者を研究所活動にひきつけた．また，ネットワーク交流を地域の活動として具体化する役割を町外の学生等の若者が担った．とりわけ，早稲田大学理工学部後藤春彦研究室の学生や学生OB等がこの研究所の成長と地域化の直接的な担い手となった．

　研究所発足当初の活動は，上流文化圏に関する概念や哲学を確認することを主題としていた．具体的には，シンポジウム等のオープン会議での情報交換が主に行われた．この研究所が中心となってすすめた全国規模の日本上流文化圏会議は，96年に早川町の奈良田地区，97年に宮崎県の五ヶ瀬町，98年に北海道ニセコ町，99年に静岡県本川根町において開催された[23]．これらの中山間地域におけるシンポジウムには，開催地域の住民をはじめとして，全国各地からまちづくりのリーダー等が集まり，交流を深めながら上流文化圏に関する共通認識を確認するとともに，中山間地域の個性を踏まえたまちづくりのあり方に関する意見が交換された．

　また，地域に関するテーマも行政的政策的なものではなく，どちらかといえば，早川町における歴史文化的生態を確認する作業がテーマに選ばれた．従来からこの地域で行われていた子ども遊び，町内の河川や池沼におけるヤマトイワナの生息調査，昔ながらの地元郷土料理の発掘と継承が行われた．2000年前後のことである．これらの調査等の活動は町内のメンバーからの発案であったが，理念として示されている上流圏文化の要素と優位性を具体的な事実によって描き出そうとする姿勢がとられた．最近の上流圏だより（2007年9月30日発行，No.38）によれば，大学生の地域づくりインターンシップ活動報告，「早川の魅力発見隊」の活動，町内空き家活用の移住者受け入れ等が行われている．

　これらの活動は，発足当初に町の企画振興課を窓口にしていたけれども，活動拠点は，別途用意されていた．第3次計画において旧村一拠点の一環として設けられた薬袋地区の旧中学校施設を活用した交流促進センターに，研

究所の事務室と研究室は置かれたのである．

このようにして，日本上流文化圏研究所は，山村過疎社会としての現状認識を超越して，上流文化圏という理念によるまちづくりをリードするしくみとなった．発足4年目の99年4月から，ようやく運営体制が成立した．所長（副理事長兼務），事務局長，研究員を配置した独立の機構となった．所長と事務局長は，早川町で長い教員生活を送り，退職後に上流文化圏会議の地元メンバーとなり，研究所の運営にかかわっていた人材であって，早川町にとっての上流文化の重要性をよく理解している地元知識人であった．また，研究員は研究所発足の時期から学生として参加していた研究者と役場からの出向者が充てられた[24]．この体制の周辺には，学生研究員，地元研究班のメンバー，町内外の常任理事，全国に散在するネットワーク協力員が活動するという状況ができていた．

このような体制確立を契機に研究所の地域内活動が活発化し，それまでの町外の人々中心の活動から着実に町内住民のもの，地域の機能となっていった．それを反映して研究所体制の組織化が進められた．具体的には，2002年度から研究所発足当初の縦横無尽に動くネットワーク組織として活動してきた常任理事をすべて町内の住民から選び，それまでのアクティブな町外の応援者としての常任理事を中心に事務局をサポートする企画委員会にアドバイザーとして参加させることとした．また，活動メニューが増えるなかで，町民研究員の設置や研究所活動を評価する監査委員をおいた．研究所はこの動きを「自立に向け，まず足下を見直した」[25]としている．

研究所活動の実績は表3-8のようなものである．そのほとんどは発足当初の研究所の活動メニューとして想定されていたものであるが，学生研究に多様性が生じており，町民主体の「やる気応援事業」（後述）や早川地元学が開始されたことがわかる．また，住民個々の情報発信を可能にする2,000人のホームページ制作[26]は，学生による集落と個々の住宅を訪問し，その人物とともにそこでの生き方や暮らしをパソコンネットワークによりアクセスできるホームページを立ち上げるというものだが，すべての集落を訪問し，

表 3-8　日本上流文化圏研究所の主要な活動（2001年度，2002年度）

	調査研究			受託・共同	勉強会	生活紹介	住民ホームページ	対外発表	図書・広報活動
	文献研究	実地調査	学生研究						
2001年度	古文書研究	ビュースポット探索	移住プロセスに応じた発信	あなたのやる気応援事業	町民塾	カレンダーの制作	2,000人のHP制作	日本建築学・行政技術研究会	上流圏ライブラリー
		札所めぐり	獣害問題と住民意識		学生インターン受け入れ		夢の形作り・ワークショップ	地域づくり団体連絡協議会	上流圏だよりの発行(4回)
			水環境の利用と実態		スライド上映			山梨県図書館研究大会	
			2,000人のHP事業の影響と評価					「千年の学校」特別講座	
2002年度	古文書研究（地元学）	古道調査（地元学）	若者世代の地域居住と地域イメージ	あなたのやる気応援事業	町民塾	カレンダーの制作	2,000人のHP制作		上流圏ライブラリー
		山村地域の歴史をたどる	西山農園温泉施設設計案	新長期総合計画策定への協力	学生インターン受け入れ		2,000人のHPの今後を考える会		上流圏だよりの発行(4回)
		奈良田の七不思議巡り							

注：日本上流文化圏研究所編『研究年報』Vol.3（2002年3月），Vol.4（2003年3月）より作成．

ホームページの制作可能な住宅はすべて立ち上げた．参加学生にとって，この研究所は早川町をフィールドにする研究機会を提供するものであった．様々な記号に被われた都市部とは違って，生身の人々の生活や社会的な関係が形成されていることもあって，社会的な課題や問題点をクリアにしやすいものと思われる．表3-8はこの研究所が発足して以来の学生の早川町への取り組みの主要事業を示している．発足年の1996年から2001年までに，延べ14本の論文を研究所の機関紙に発表している．大きなテーマを実験的なテーマとして取り組んでいるものが多い．

また，2,000人のホームページ作成への学生のボランティア参加が多くなり，研究所が大学生のインターンシップを受けいれるようになって，研究所

における学生の活動が目立つようになった．また，19もの町民グループによる地域資源活用（農林水産省「個性ある山村地域再構築実験事業」）の応援プログラムを研究所が実施するなど，町民主体のまちづくりの中間機能を発揮している．

④もう1つの市民結集のしくみの日本上流文化圏研究所

　日本上流文化圏研究所のこれまでの推移をもう一度整理しておこう．まず第1点は，山村過疎社会におけるまちづくりを推進するしくみとして，全町レベルの政策・実践活動の中間機能が設けられたことである．それも現状対応の課題を扱うのではなく，独創的で理念先行の活動方針をもったしくみとした．それも組織の名称に表現することが心がけられており，「日本」「上流文化圏」「研究所」のいずれの用語も山村社会に所在する1つの町の組織としては，一般的な常識を超えるものであった．それだけに，発足当初には町の外にあっては，まちづくり活動者等によって全国的な結節機能の可能性を期待され，町の内にあっては，町の組織としての存在が理解されないという状況であった．地元では「鳥の目」と表現しているが，理念的でマクロな視点からの交流が中心であった．

　第2点は，早川町の地域と住民へのアプローチが発足当初から地道にすすめられたことである．水と生活，景観，地域の遊び等，地元では「虫の目」と表現しているが，地域の資源を見つめ，収集する活動である．この活動は「上流文化圏」を早川町という実際の地域において具体的にとらえようという姿勢の結果であった．そして，この地道な活動が2,000人のホームページ制作や「あなたのやる気応援事業」のように研究所と町民が一体となった活動に結びついている．

　第3点は学生の参加による効用をあげたい．発足当初は町内外の専門家が担い手であった．全国的なスケールでの活動は早川町のファンがリードしたことは確かであるが，当初から参加していた学生が研究員となり，そこに学生が研究のために早川町に入っていくという流れが形成された．彼らは卒論

や地域研究のフィールドとして入るのだが，地域社会の深さを学び，町民とのコミュニケーションを豊かなものにしていった．この学生の活動が結果として研究所を着実に地域化しているように思われる．

(5) 日本上流文化圏研究所の地域における役割
①住民と行政の関係の補強

さて，日本上流文化圏研究所ができて，早川町における住民と行政の関係はどうなっているのであろうか．かつて辻町長は早川町地域振興に関して，次のように述べたことがある[27]．

> 「60年代以降の取り組みにおいて，行政は頑張ったのだが，行政のやり方では，早川町の『よいこと』が消えてしまうという状況認識があった．つまり，行政としての仕事をすればするほど早川らしさがなくなっていったし，人口の流出も進んだ」
> 「過疎地としての町村ではなく，早川町の生活を基礎とした誇りある生き方をしたいという思いが強かった」

この過疎自治体首長による行政への不信感とそれを乗り越えようとするエネルギーが，住民と行政の関係を支えるこれまでの集落―地区―町の組織による地域運営以外に，2つの機能を立ち上げることとなった．その1つは，先に述べたように，地域の観光化を軸にした住民―旧村地区―町の再構築を目指す，地区協議会―活性化財団の関係であった．そこでは既存の集落が活性化し，あらためて住民と行政の中間機能として再生したものもあると思われるが，むしろ集落機能の広域化（旧村地域の広がり）による地域機能の保持につながったように思わせる．

表3-9には，現在の早川町の集落を支える地域のしくみの断面を示した．区と組は，住民の相互扶助等のしくみとして依然として残っている．加入は世帯単位で，ほとんど強制的なものである．草刈り，ごみ拾い，雪かき等は

表 3-9　早川町の集落組織と活動の概要（赤沢地区の区・組）

	区	組
原則・性格	・強制加入であり，組織に属する世帯は組織の要求を負担しなければならない． ・労働力提供は，原則1世帯1人参加．	10戸前後で構成
総会	・定例区会（全戸参加）は1月（新年の顔合わせと町への陳情）と3月に実施． ・臨時区会も制度上は想定	
役員	区長，区長代理（任期1年）	組長（任期1年輪番制）
しごと	・草刈，ゴミ拾い等の美化運動，雪かき（区民の労働力提供），秋祭り（大当屋と呼ばれる7軒が輪番制で春・秋の祭りを準備），葬儀，広報や町行政との中継ぎ・橋渡し輪番制・総出の仕事，各種負担金あり．	回覧板の回送，固定資産税および国民健康保険料の徴収・区長代理者へ，組水道の管理，葬式への住民派遣
区費	4,800円（400円／月）	
その他		世帯単位で行動している．世帯には多様な労働力を提供できる男女がいることが前提（一人暮らしの人は葬式の当番の場合には「子どもが帰って来て手伝う」）．

注：柴田彩子「赤沢青年同志会によるまちづくり活動の分析―山梨県巨摩郡早川町の事例―」『日本上流文化圏研究所研究年報 Vol.2（2000年4月―2001年3月）鳥の目虫の目5/1000』10頁-11頁から作成．

各区に属する住民に課せされている．葬儀，水道の管理等をこの区はリードしている．もっとも，人口の流出や集落再編等の様々な過疎対策によって，区や組の役割や機能は縮小しつつある．

このような区，組による相互扶助の関係を維持しながら，「生活の誇り」を掘り起こし，町民の生活に自信を回復させることを進めた．すでにふれたように，日本上流文化圏研究所の設置意図には，その要素が込められていた．この研究所活動は地域の外からの発想を取り込み，町外の応援者が上流文化圏としての早川町のすばらしさを提起してきた．また，研究所活動を通して，その成果を住民に伝え，住民が誇りをもってまちづくりを行う条件をつくることであった．

2001年度の助走期間を経て，2002年度に本格的に進められた「あなたのやる気応援事業」は，町民からの商品開発，起業，新規事業のアイデア等に対して公開審査によって選び，資金面のバックアップや町民と研究所による協働体制の構築を図ろうとするものであった．過疎化の進む山村地域におけるコミュニティ・ビジネス支援である．その対象としては，初期的な段階のものを「虫の目部門」，その段階を越えて生産や販売体制の形成等の事業展開の段階にあるものを「鳥の目部門」として支援を行ったが，虫の目部門で12グループ，鳥の目部門で7グループに決定した．

その多くは早川町の資源をもとにした食材，工芸，休耕田の利用，まつり，おもちゃ等のビジネス化であって，地域資源の観光化の成果ともみえるものであった．そして，この19の起業グループは，定期的な情報交換会において情報発信するとともに，それまで研究所や自治体行政において立ち上げてきた季節ごとのイベント等でも発信し，ノウハウと課題を集積しつつある．なお，この活動は2003年度も継続してすすめられている[28]．

町民の生活面における自信回復とそれを拡張しようとする主体的行動が，既成の地域団体等のいわゆるサービス供給サイドに，大きなインパクトを与えるものである．その兆しは研究所の活動にもみることができる．2001年度の研究所年報において，この応援事業を中長期的に支える財源面での今後の課題としてまちづくり基金の構想が示された．そのなかで町観光協会の観光プロデュース組織化と役場，活性化財団，研究所，観光協会の連携の提案がされている[29]．

このように研究所活動→行政等に変化のインパクト→住民の積極化→行政等の体制革新等の動きが成立しつつあるといえる．

②コミュニティの補強

上流文化圏研究所活動で注目されるべきは，家族機能・地域機能の補強ということである．たとえば，ようやく成熟段階に入る2,000人のホームページ制作は，家族機能の直接的な補強の一例である．これまでのホームペー

の制作過程において,早川町に住み続ける人々の暮らしや集落の発信が行われている.この作業を通じて,それまでの家族関係や地域社会の関係に相当なインパクトを与えているはずである.ホームページ制作と発信による町民,集落,閲覧者へのインパクトに関しては,すでに学生研究員の研究成果が示しているように,閲覧による会話の創出,まちづくり意識の向上,居住地としての早川町そのものの再認識,経済波及効果等があるように思われる[30].その後のデジタル・アーカイブ化,フィールドミュージアム等の取り組みのなかで,その活用可能性は高いと思われるが,この電子媒体の家族や地域社会への浸透によって,家族や地域社会の機能を補完することが可能となり,離れて住むという山村社会の生き方を補強してライフスタイルとして確立される可能性をもっている.その他の研究所活動は,なんらかの意味ですべて地域コミュニティの補強につながるものである.

(6) 住民の生活を開く

①研究所への期待

本節では,わが国の典型的な山村過疎社会における「研究所」の発生,研究所活動の内容,そしてその効果をみてきた.山村地域における町民や集落等の地域社会の生き方として,地域資源の観光化は,いわば常套手段である.早川町はそれにとどまっていない.地域資源の観光化を梃子に住民を突き動かし,早川町のまちづくりに参加させている.それもこれまでの集落中心の地域社会を基礎に,様々な機会を住民は得ている.それが自然に行われている.それを日本上流文化圏研究所の活動が支えている.

日本上流文化圏研究所は,いかめしい名前で,一見近づきがたいけれども,早川町にとっては今やなくてはならない存在である.対外的には,河川等の水系の下流域に上流部の価値の重要性を示し,対内的は山村生活の豊かさを町民が確認する機会を提供している.

住民と行政の関係が,どうしてもタテの関係になりがちな状況の下で,日本上流文化圏研究所は,もう1つの関係を確実に形成している.人口の減少

や高齢化が目に見えるように阻止されているわけではないが，典型的な山村過疎社会で生きる人々の誇りを守り，この地の未来に生きる勇気を与えている．

②住民に向く

　早川町は，これまで全国各地から，多くのまちづくりにかかわる人々を早川町の地域にひきつけてきた．日本上流文化圏研究所があり，そこに若手研究者が常駐して地域住民と同じ目線で活動をしている．そんな現実のなかで，学生までもが自発的に集まり，この地域において新たな角度からの様々なコミュニティ研究が行われている．そこで発信されている活動内容は，いずれも自治体行政を向いていない．他の多くの地域での研究が地域生活研究といいながら，住民に向かわずに行政に向いているのと好対照を見せている．むしろ町民の生活やその地域社会の原点を見出し，それを支える方途を探求している．ここには，本物の地域生活研究がある．常駐している研究者の能力とそれをしかけたトップリーダーの力だといえよう．

　この研究所は，独自のコミュニティ・シンクタンクとしての機能をもち，住民や集落側からの情報提供やアイデア支援において，コミュニティ支援の役割をもっているのだ．2002年度の研究所年報は，次年度に向けての展望[31]において，これまでは「土をたがやす」→「種を蒔く」→「水をあげる」→「芽生えた」ところまできたが，これからは「花を咲かせ」→「次の種を蒔く」のだという．自前の資金による住民活動の継続，提言政策の行政への反映とともに，研究所を「次々に新しい芽を生む地域社会の仕組みに育てる」のだとまとめている．

5. 実在する生活感覚重視の市民的アクション

①生活感覚重視の市民的アクション

ここで，この3つの事例分析を総括しておく．3つの事例に共通していることとして，この10年余，都市や地域の規模や機能にかかわりなく住民・市民の立場や市民活動が重視されていることである．ボランティア活動，テーマ型コミュニティ形成という一般的流れに同調しつつ，それらが記号化され，いわば条件反射的に繰り出される行政の政策の段階を超えている．住民自身が，身近な生活現場にアクセスして，市民感覚，生活感覚重視の自発的アクションをとろうとしていることが読み取れる．それも施設建設，資金給付，規制統制といった行政上の典型的な政策手法として扱われるのではなく，住民・市民の生活次元においてそのアクションが実施され，それを踏まえた政策形成のしくみづくりがなされている．

②三鷹市

3つの事例の中で，長期的に対応してきたのは三鷹市である．都市型社会における市民主体のまちづくりとそれを具体的に実現させていくしくみづくりを志向してきた．そして，今日の超都市型の社会の中での新たな動きを模索している．本章の事例を取りまとめるなかで，市民主体のまちづくりが，いよいよ本格化しつつあることがわかった．

③宇都宮市

それに対して，宇都宮市はもともと総合的な行政運営を行ってきており，形式的にはともかく，実質的には三鷹市のような取り組みをしてこなかった．それでも，市民主体のまちづくりという課題は，90年代後半になってテーマとなった．人口40万を超えるような都市や県庁所在都市に共通する現象だが，宇都宮市は時代のテーマをいつも追いかけていて，その今日的テーマ

が市民都市＝市民主体のまちづくりとなっているのではないかと感じられる．

しかし，自治体行政が市民主体のまちづくりをそれ自体を構造的に変革するテーマとしてではなく，多くのテーマの1つとして行政主導により取り組むものであったとしても，住民・市民サイドはすでに動き出している．行政の視線の外側で脈々と市民活動は高まっている．それをトップリーダーは政治的嗅覚をもってとらえていた．市民感覚を行政に取り込む中で，活性化したのは地区であった．市民主体のまちづくり，市民的政策形成の発火点は住民・市民の生活現場に比較的近い地区行政から火がついた．清原地区の動きはそれを教えている．

③山梨県早川町

3つ目の早川町の事例は，行政の枠組みを超える動きを重ねるなかで，もうひとつのネットワークに辿りついていることを示している．圧倒的な山村過疎地域のこの町．市町村といった行政を連接させる対応では処方できない状況に至っている地域．そこでの日本上流文化圏研究所の地域に根ざす活動，それも町外からの学生研究員の資源の掘り起こしの刺激等により，地域社会や住民・市民と行政の中間的な機能を形成・蓄積し始めている．この動向は非都市地域におけるコミュニティ支援のあり方として今後も注目されるものである．本章の事例において示された市民主体の政策形成のあり方やその支援・推進の方向を4章，5章において明らかにしていきたい．

注
1) 三鷹市「2003三鷹市自治体経営白書」三鷹市，2003年5月．
   http://www.city.mitaka.tokyo.jp/a002/p001/hakusyo/003.pdf
2) 大石田久宗「連合体としての組織の実態と民民関係・官民関係―三鷹市の現場から」日本都市センター編『自治的コミュニティの構築と近隣政府の選択』2002年3月，119-129頁，三鷹市生活環境部コミュニティ文化部編「COM Community of Mitaka みたかのコミュニティ」2002年参照．
3) 三鷹市生活環境部コミュニティ文化部編，前掲書，47頁参照．
4) 正満たづこ・小林裕「[市民参加型成熟都市の計画事例]「みたか市民プラン

21会議」1年のあゆみ」自治労自治研中央推進委員会『第29回地方自治研究全国集会　基本的考え方　特別報告・レジュメ資料』2002年10月，88頁参照．
5）　この市民参加組織の運用内容については，みたか市民プラン21会議提言書・活動報告書「こんな三鷹にしたい」CD-ROM版2002年3月を参照．
6）　三鷹市のコミュニティビジネスについては，(財)東北開発研究センター・地域づくり研究会（委員長岡崎昌之法政大学現代福祉学部教授）による2002年12月26日の現地およびインタビュー調査報告書に基づいている．なお，この調査そのものに，筆者も参加している．なお，報告書および調査結果部分は次の通り．東北電力株式会社地域交流部・財団法人東北開発研究センター「地域社会の再生から創造へ～地域づくり活動の新しい方向～」(住民参加型地域活動（地域づくり）に関する研究) 2003年2月，69-73頁．
7）　(株)まちづくり三鷹「情報都市三鷹をめざして　みたか・夢・未来　SOHO CITY みたか構想の展開」2000年4月，14頁．
8）　東北電力株式会社地域交流部・財団法人東北開発研究センター，前掲書72頁から引用．
9）　新基本構想は三鷹市ホームページ：http://www.city.mitaka.tokyo.jp/kihon-koso
10）　第3次三鷹市基本計画も前掲三鷹市ホームページ：http://www.city.mitaka.tokyo.jp 以下の，引用文もこのホームページからのものである．
11）　三鷹市まちづくり研究所第1分科会第1次提言
　　（http://www.city.mitaka.tokyo.jp/a002/p001/g08/d00001.html）1頁．
12）　宇都宮市資料「『市民都市の創造』の概念について」(A4判4頁)の平成11年6月所信表明についてから引用．なお，以下の市長の発言要旨もこの資料から引用している．
13）　筆者は2001年10月からの「うつのみや市民会議」のメンバーとして，また同じ時期から宇都宮市民サポートセンター運営会議委員として，宇都宮市政をウォッチングしてきたが，行政サイドと住民サイドの間の断絶があって，それが埋められないまま進行するという状況であった．
14）　関谷寛二「地区行政におけるコミュニティの推進―宇都宮市の現場から」日本都市センター編，前掲書126頁以下．
15）　宇都宮市「宇都宮市地区行政推進計画」(2006年5月)の資料編を参照．
16）　宇都宮市自治会連合会親しまれる自治会づくり特別委員会「親しまれる自治会づくり特別委員会協議結果報告書」平成13年3月27日．現職の自治会長によるもので，本文16頁で自治会の現状と問題点と提言が率直にまとめられている．
17）　清原50年史編纂委員会「清原50年の歩みと翔たく未来」2003年，93頁．
18）　清振協発足から1年5カ月後の85年7月に「清振協だより」の第1号に当るものが発行されており，その冒頭にこの組織発足の目的として，テクノポリスの事業によって想定される関連公共事業への対応と協力を掲げていた．なお，

第 3 章　市民的地域政策事例の検討

「清振協だより」の紙面分析の結果，その後の清振協は清原地区の広がりを基盤にした公共事業等への住民側からの推進・チェック機能を担っていることが明らかになった．
19) 筆者は発足半年後の 2002 年 4 月から，個人参加の運営会議メンバーとして参加した．
20) 2002 年 2 月 21 日に開かれた宇都宮市民活動サポートセンター運営会議に出席した福田富一市長はこれらの対応については，宇都宮市の制度や運営がついてきていないことを認めた上で，十分な条件まで待つと時間がかかりすぎ，チャンスを失いかねないとの判断により市民営や基金設置に踏み切ったとして，トップダウンにより行っていることを語った．
21) 柴田彩子「赤沢青年同志会によるまちづくり活動の分析—山梨県南巨摩郡早川町の事例—」（筑波大学修士論文）日本上流文化圏研究所『研究年報 Vol. 2, 鳥の目・虫の目　5/1000』[2000 年 4 月～2001 年 3 月] 所収 2003 年 3 月を参照．
22) 山梨総合研究所・静岡総合研究開発機構「地域に根ざすシンクタンク存立条件」NIRA 報告書 2001 年 12 月，89 頁．当初の日本上流文化圏研究所は事務局が町役場の企画振興課におかれ，辻町長を軸にして町外の協力者 13 名，町内の有志 12 名の自発的な活動を行う，まさしく交流のネットワークであった．
23) この会議の記録は，参加者の発言等をそれぞれハンディな冊子の上流圏文庫として発行されている．この会議では，開催地域の特性をベースにしながら全国的スケールで山村地域の過疎現象を超えた上流文化圏の生き方を論議しており，発足当初の日本上流文化圏研究所にとっては，その活動の優位性を認識し活動の精神を形成する条件となったと思われる．
24) 山梨総合研究所・静岡総合研究開発機構，前掲書 96 頁参照．
25) 日本上流文化圏研究所『研究年報 Vol. 4, 鳥の目・虫の目　7/1000』[2002 年 4 月～2003 年 3 月] 2003 年 3 月，58 頁．
26) 2,000 人のホームページという日本上流文化圏研究所独自の住民および集落情報の発信プロジェクトは 1998 年に開始され，2002 年 12 月には早川町の全集落の取材を終えた．この時点で 700 人の記録が発信されている．現在も学生による住民のホームページ作成の取材は続いている．また，今後，この情報資源をどう生かすかの検討が研究所において進められている．
　なお，2,000 人のホームページは http://www.town.hayakawa.yamanashi.jp/2000
27) 2000 年 5 月 27 日，地域に根ざすシンクタンクの存立条件に関する早川研究集会（薬袋地区の交流促進センター）においての辻一幸町長のあいさつでの発言．
28) 日本上流文化圏研究所『研究年報』Vol. 3, 81-88 頁，Vol. 4, 27-34 頁を参照．
29) 日本上流文化圏研究所『研究年報』Vol. 3, 88 頁の今後の展開における記述．
30) 石川宜裕「『2000 人のホームページ』事業の取材活動と情報発信に見る地域内外への影響と効果～中山間地域におけるデジタル・アーカイブを活用したまちづ

くりに関する研究〜」（早稲田大学修士論文）日本上流文化圏研究所『研究年報』
　　　Vol. 3, 1-12頁．
31）　日本上流文化圏研究所『研究年報』Vol. 4, 10頁．

第4章

生活重視の市民的地域政策の論拠と政策

1. 市民的地域政策の視座

①住民・市民特有の活動からの地域政策

　近隣住民および住民・市民グループが中心となってつくり上げる市民的地域政策の構造とその特質について検討したい．その上で，この政策が展開される課題を明らかにしよう．

　かつての一般的な地域政策といわれてきたものは，国家主導の政策形成によるものであった．この種の政策は抽象的に求められた標準的画一的な地域像や住民像が基本とされ，中央省庁による国家的な行財政制度の枠組みに準拠して作成されていた．住民・市民の生活世界での感覚と関わりの小さい（あるいは無関係だと認識された）地域政策——例えば，産業基盤形成のための大型土木・建設事業などはその典型である．こうして実施された地域政策とその成果が，わが国をして土木国家として形成し支えてきたといってもよい[1]．

　ここでは，住民，市民グループによる地域政策形成の可能性を検討することとしたい．つまり，土木国家を支える官僚主導の政策構造・政策体系の対極にあって，住民・市民自身が，その置かれた環境条件の下で，地域の課題や解決の主体となり，住民・市民特有の下からの政策づくりの道筋とそこでの推進上の課題を取り上げる．

　この市民的地域政策は，住民・市民の自発的な政策思考によるものであっ

て，その役割は市民サイドからの発信であるとともに，行政主導の政策システムとその運用を改革する役割を担うことが期待される．

②地域政策のステージに市民の組織が登場

前章までに，近隣社会組織が担い課題としてきた住民の「市民」としてのネットワークの系譜，自治体における市民と行政の関係をめぐる実際の取り組み動向を明らかにし，住民・市民が主体的に参加して作成する市民的地域政策の可能性をみてきた．市民的地域政策は，住民の生活現場としてのコミュニティと，そこに関わる多様な住民・市民とその市民的組織が政策のステージに登場している．その住民・市民は，行政における官僚制システムを基調とした政策形成とは次元の異なった組織原理や行動原則の下で，その生活現場に合った解決方策を編み出していく．

本章では，市民的地域政策の担い手が登場する背景，条件そして枠組みを確認する．さらに，次章につなぐ意図をもって，コミュニティという地域的共同性による社会的結束がそれを支え，推進することを理論的に検討することになる．

2. 生活重視の市民的地域政策の形成

(1) 広がる市民的政策思考

①「市民的政策思考」の発生と現実

70年代から，政治学者の松下圭一は，わが国において社会変動，思想構造，政治イメージという3つの基層レベルに関する構造的変動が生じていることを示していた．そして，これらの構造変化に対応した新たな政策形成の考え方を提起した．ここにおいて，市民はそれまでの政策環境の一部としての存在から主体的に政策形成にかかわる主体となるべきであって，その際の思考のあり方としての「市民のポリティクス型政策思考」の必要性を説いたのである[2)]．

第4章　生活重視の市民的地域政策の論拠と政策　　　　165

　この政策思考は，国家を基軸においた地域政策から市民共和の地域政策へ向かう過程にあって，いわば歴史的必然として，提唱された．だが，発表された当時，行政と市民の関係の密度を高めるという政治行政上の課題が当面するものであって，そのような構造的思考は軽視された．構造的転換ではなく，住民・市民の行政の参加の扉を開くことに力が込められていた．たとえば，革新自治体等による市民集会や市民会議はその典型例である．しかも，それは政策そのものの本質の理解に迫ることよりも保守か革新の旗色の対立として展開していった．そして，ほどなくして保守の政治勢力に政策推進の外形の一部として絡めとられていく．実際には，松下圭一の新たな政策思考＝市民のポリティクス型政策思考によって示そうする政策転換の考え方は広がらなかった．政治イメージ中心の外形的な市民参加やシビルミニマムの位置づけを示すにとどめるものとして認識された．

②90年代からの浸透

　しかしながら第2章において述べているように，80年代になると，住民の生活水準は高まり，それにともなって，全国各地の自治体行政においても参加の政治・行政システムが広がり始める．また，政策の分権化，国際化，文化化という自治体における新たな政策スタイルの形成等もあって，それまでの官治集権型の政策から自治・分権型政策への転換が始まった．このようなまちづくり，地域政策形成の動きとともに，90年代以降の地方分権推進に関する制度変革もあって，ようやく近隣住民，住民・市民サイドの市民的地域政策が展望されるようになったのである．

③サイエンス型政策思考批判

　それまでの政策についての一般的な考え方は，政治から一定の距離をおいた行政的なものであった．謀りごと，情緒的なこと，その他の非合理なことが政治の世界から持ち込まれる．それを跳ね飛ばす行政側の工夫はサイエンス＝科学的な手続きによる材料の収集と分析であった．客観的データの分析，

理念モデルの検討，先進地域における課題分析等により進められる，いわばサイエンス型政策思考であった．

そこでの政策としては，初期の段階からあらゆる科学技術的手法が駆使され，客観的なものとして認識されるデータを集積し，いくつかの将来展望案とセットとなった政策提案が理想とされた．その思考方法をとる限りは，あるべき政策論が優先し，析出される主体性や地域的独自性もその政策的枠組みの一部の要素として扱われることになる．このことによって，非合理的な政治的価値判断的要素を極力小さくしようとするわけである．

こういったサイエンス型政策思考からすれば，政治的価値判断の要素を排除，否定しようとする松下圭一の提起する市民のポリティクス型政策思考は，まさにパラダイムの転換であった．つまり，身近な生活世界（実態）から，そこで生ずる問題を解決するという市民の主体的変革志向を重視する論拠の採用こそが，住民の日常としての生活世界に向き合うことであって，住民・市民グループや近隣社会において地域政策が作成・産出を進める条件の始まりだと認識するものだったのである．この特徴の第1は，政策の内容は理念的に予定されたものではなく，住民の日常生活で起こる普通の出来事であって，住民や市民のグループが，具体的な地域政治に向き合いながら，その地域に適合した政策を構築し，それなりの手続きを進めていくというものである．そこには，ア・プリオリなあるべき論は存在しえない．

その特徴の第2は，政策構想づくりにおいて地域の個性や生活現場にこだわって，地域価値や地域資源の活用を基本に進めようとするものである．たしかに，サイエンス型政策思考は，国家政策や経済動向，既存の政策フレームを予め整理し，政策の制度や官僚中心の政策的枠組みを基礎にしている．地域を超えた，抽象性の高い経済社会の課題解決のために使われることがサイエンス型政策志向が経済社会の発展を集権的に行う場合には有効なものであった．それに対して，市民的政策思考にあっては，構想に関する諸条件が未分化の段階において地域における住民，市民グループが係わるということもあって，地域内の多面的論議を求めることになり，分権社会においては有

第4章　生活重視の市民的地域政策の論拠と政策　　　167

効な方法である．

　そして，特徴の第3は政策構想をつくり上げる過程において，政策内容に関する価値形成が進められ，そのための調整・決定に関する参加手続きが組み込まれるということである．そこでの価値設定が想定されるだけに，構想作成の手続きは，サイエンス型政策思考に比べ，格段に重視される．

　④市民的政策思考のスタイル

　さてここで，市民のポリティクス型政策思考に新たな今日的要素を付加してみたい．市民的政策思考を，推進助長するスタイルに関するものである．これまでの政策思考は，ポリティクス型であろうが，サイエンス型であろうが，論理的で組織的であることが想定されていた．たとえば，ポリティクス型の政策思考は，思考そのものがサイエンス中心なのではないことを論じようとするものであって，それを担う主体の違い，主体に伴う活動スタイルの相違には言及されていない．それぞれの政策思考が選択されれば，実現に向けては論理的でかつ組織化による対応が当然のものとされたのである．行政主体の政策展開が所与のものとして，対象にされていた．

　そのような状況では，政策を担う主体が生活現場から離れている人たちであるとすれば，彼らは思考次元に忠実にいったんはポリティクス型的政策思考による政策形成を目指すとしても，結局はサイエンス型の政策思考に戻ってしまうのではないだろうか．また，たとえ生活現場に身近な人たちが，政策形成を担う場合であっても，これまでの知識主義的な発想や蓄積された統計データの影響力は強く，サイエンス型思考からすれば，あいまいなポリティクス型の思考は後退させられていくことが予想されよう．それゆえに，ポリティクス型の政策思考をすすめる活動主体のスタイルは強調されなければならない．そして，市民のポリティクス型政策思考を促すそのスタイルは，後述する運動型アソシエーション原理によるアクティブな活動中心のものであって，政策文書等による静態的な表現ではなく，政策的活動による生のコミュニケーションとしてのダイナミックな表現が中心となる．このようなス

タイル要素を備えた市民のポリティクス型政策思考こそが，わが国の地域社会，コミュニティにおいて，今日着実に浸透しているように思われる．

⑤積み上げられる実践

この間，国の地域政策が公共投資をめぐる政争や国家財政逼迫等によってリーダーシップを発揮できない一方で，市民主体のまちづくりの実践，市民と行政の協働による様々な実験的取り組みが全国各地で行われてきた．また，市民の政策思考を刺激し高めていく技法や環境づくりも進んだ．市民の生活ベースからの政策評価，日常の生活経験を具体的な政策課題等に読みかえながら積み上げていくワークショップ，市民参加のファシリテート（段取りの支援）機能等が次々に試行され，実践された．

そこで最も大きな役割を演じたのは，市民セクター，ボランタリー・セクター[3]といわれる機能・組織であった．まさに，生活現場において必要に迫られた機能が形成され，役割を演じた．それもかつての国家行政中心の開発において，官と民の政治的経済的メリットを集めた組織としての官製第三セクターとは違って，組織をつくることよりも渦中にいる人々の活動を先行させたことに注目したい．日常の生活世界から福祉活動への参加を選ぼうとする際に，受け皿になった福祉公社，自分らしい普段着の国際協力をしようとした時に，既存のしくみがなく，支援者が使いやすい手作りによって生まれた地方の国際交流会，学習や文化活動の蓄積が文化のしくみを自治体行政に作らせたこと，またボランタリー・セクター形成の歴史的事実として多くの人が掲げる阪神淡路大震災の復興過程に全国からのボランティアの参集とその現地での組織化など，枚挙にいとまがない．活動内容からおし出されるように，政策主体の多様化と多元化が進んでいる．

この市民領域における活動の活性化は，住民・市民を元気なものにし，その役割を高めることは当然だが，それにとどまらず，これらの住民・市民と共同の体験をしている自治体行政をも活性化させることにもなった．

⑥公的システムの市民化地域化

　このような市民領域における活動の活性化は，生活現場の地域における政策主体の多様化多元化を一層進展させていくことになった．そして，これまでの理念や制度面から位置づけられる政府間関係を軸に進められてきた地方分権改革とその成果としての権限移譲等に，住民・市民グループがようやく出会える状況が到来している．市民と行政の関係の水平関係や並列的契約的関係への移行，事務事業の市民化（市民主体を基礎とした民営化）や政府の地域内市場調達の増加，多面的な市民参加と協働の試行等が進められつつある．それらが進行していくことで，いわゆる公的システムは，生活現場に向かって下降し，着実に市民化地域化することになる．結果として，人々の生活世界に連接するしくみになっていくものと思われる．

　その動きの中で，次の3つの課題がクローズアップされていることに注目したい．第1は交叉的横断的に解決することが求められる課題への対応である．たとえば，在宅や近隣関係を重視する介護福祉[4]，環境リサイクルや日常的な生活を物的に表現される景観等の取り組みが，住民の生活世界を起点に進められ，一般社会における生活ルールを変えようとしていること等である．これらの状況は，いずれも住民と市民，住民・市民と行政の関係のかたちや役割を規定するものであって，これらの動きは市民協働，市民参加・参画等のあり方を問いかけている．

　第2は社会的セーフティ・ネットの張り直し[5]が必要になっており，その現場との関係が改めて問い直されているということである．地域社会の都市化，情報化のなかで家族や地域の機能衰退に警鐘が鳴らされるようになって久しいが，安全や防犯等の地域や市民生活の実態にあった社会的セーフティ・ネットの強化充実が求められている．いよいよ，地域の実情に応じた住民・市民のネットワークと公的システムの生活次元における連携の設計が急務の課題となっているわけである．

　第3は地方分権の推進において，地域課題対応に関しての「補完性の原則」[6]のビルトインが求められていることである．ここでの課題対応は住

民・市民の身近な地域での対応が適切な判断をもたらすという認識に立っている。そこでの近隣社会，自治体，府県，国の守備範囲の考え方は，まずは人々の生活世界に連接する小地域が最優先のものとなるというものである。

このようにして，住民や市民グループが地域政策の主体としての役割を演じる諸条件が現実のものとなってきている。

⑦市民的公共性

この市民のポリティクス型政策思考は，明示的に論じられているわけではないが，90年代になって議論されるようになった「新しい公共」の基本的考え方に合流したものとみることができる。とりわけ，その1つとしての「市民的公共性」論を支えることになった。行き過ぎた個人主義と行政の限界が明らかとなった社会状況の下で，地域を支えるもう1つの政策像の理念としての市民的公共性が論じられているが[7]，これまで国家目標に一元化されていた公共的価値が分解していく過程においてこそ，ポリティクス型の政策思考は必要とされた。

住民，市民グループ，NPOが，それぞれの必要性や使命感に基づいて活動するなかで生み出されていく「常識」，支援等の役割，記念とされる行事が新しい公共性として認められるようになった。

(2) 生活現場の市民的地域政策

①生活現場と生活重視

市民的地域政策は，住民・市民の足元から生み出された政策的なアイデアである。市民的地域政策は，地域の中で鍛えられ，選ばれ，市民の視点おいて試される。そのなかで市民の活動が公共性を獲得し，市民生活のなかで共有され実行されていくものだと認識したい。

行政の地域政策が，抽象的な地域性や一般的な市民生活をどうするかの論議から出発することが多いことの対極に，この政策は成立している。まさに，住民・市民の生活の場所と関係を起点とした政策づくりということだ。その

点からは，市民的地域政策は生活現場からの地域政策ということになる．また，この政策は身の丈にあった生活重視の政策につながっている．しかも，生活現場は，唯一無二の地域であって，そこでの活動は実験的なものとなって蓄積される．すでに，市民主体のものとして行われている介護，医療，福祉，教育，学習，ジェンダー，リサイクル等の事業や活動は，それぞれが生活現場をもっている．そこへの係わりは，従来の行政サービスのスタイルでは，入り込みにくい．自分の暮らしぶりや暮らしやすさを前提とした他者への共感によるネットワークがあり，強制されない持続性が埋め込まれている．すでに述べてきた近隣，近隣社会との出会いもここにある．

ところで，生活重視という用語は，かつて地域政策が産業やインフラ中心に進められている状況において，その対極に位置している住民・市民の生活面への対策を求めるものとして使われた．だが，今日のように住民の生活そのものが多様化している状況において提起される生活重視の考え方は，先験的なものとして存在するものではなく，独自の生活への視点，サービス主体を包み込む生活現場の発想から随時得られるものといえる．また，生活現場に基礎を置くものでなければ，生活重視の姿勢やキャッチフレーズは一時的なものに終わってしまう．しかも，市民・NPOの出発点は，この生活現場であり，課題認識，改善のためのアイデア，具体的な改善方策の展開の場もこの生活現場ということが多い．

このようにみてくると，生活重視における政策の起点はまさしく地域コミュニティ・近隣社会ということが認識できる．

②生活現場と市民的地域政策

ここで，高齢者ケアに関する政策を例に，生活現場と市民的地域政策の関係が，どのようなものかをみてみよう．介護の分野は市民的地域政策との接点の多い領域である．高齢者ケアに関する政策は，供給サイドにとっての対象者の生活現場との配慮が求められる．だから，高齢者ケアのための保健・医療・福祉の3分野の連携の必要性は認識されながら，実際には進まないと

いう状況のなかで，比較的コンフリクトの少ない情報提供機能（相談窓口の設置），連絡調整機能（サービス調整チームのようなネットワークづくり）から手をつけられている[8]．コンフリクトが少ないのは，情報の提供，連絡調整に対象者を含めているために，他の支援活動のものよりも「生活現場」とのつながりが強いためだということができる．

また，この政策は，その進行状況によって，3つの次元が想定されている．初期の段階からのクライアントレベル，中期のプログラムレベル，ポリシーレベルである．そのそれぞれに公的セクター，民間非営利セクター，民間営利セクター，インフォーマルセンターでネットワークが対応している．このうちの初期段階のクライアントレベルでは，最も生活現場に近いもので，関係機関が要介護高齢者や家族にどう働きかけるのか，その要介護者等は関係機関のネットワークにどう反応するのかが着目されている．プログラムのマネジメントや地域社会との関係をテーマとする次の段階の中期プログラムレベルの対応やノーマライゼーションの実現，居住環境等との調整等を行うポリシーレベルは地域社会における連携に関する議論はクライアントレベルに比べて低調である[9]．

この要介護高齢者対策に関する保健・医療・福祉の連携は，地域政策の総合化に関する典型的分野といえるが，同じ地域政策であっても住民に身近な生活現場とそれから離れた政策フィールドでは，対応に差異があることを示している．

(3) リードする自治体行政

①自治体行政の位置

住民・市民の生活次元や近隣社会からの政策づくりが始まっているのだが，そこでの自治体行政の位置と役割をどのように考えればよいであろうか．

自治体行政は2つの側面をもっている．1つの側面は中央と地方の関係に規定された地方自治の主体としてのものであり，もう1つの側面は地域経営の中心として対象とする区域の社会を安心安全で，かつ効率的にマネジメン

第4章　生活重視の市民的地域政策の論拠と政策　　　173

トするというものである．前者の側面は，自治や財政の制度やシステムの原理において具体化されているものの，地域の生活現場へいまだに浸透していないように思われる．この側面のものは政治性が強いにもかかわらず，地域政策の形成等にはほとんど係わらないというのが実態であった．実際の地域政策は，後者の側面において行われるもので，行政上の資源を動員して組織的計画的に行われることが多い．そこでは，市民的地域政策は，自治体行政の政策形成過程における住民サイドからの参加という位置づけであって，参加と協働によるまちづくりとして進められている．

　ところで，本章の主題としての市民のポリティクス型政策思考を核とする生活重視の市民的地域政策は，後者の側面の社会を効率的に運営するという枠組みのものではなく，前者の側面としての自治体行政に係わるものと認識したい．市民的公共性は自治体行政との連携によって具体化するものであるから，後者の側面において対応すれば，住民・市民の政策的特質の多くを失ってしまいかねない．それに対して，前者の側面によるアプローチは，自治体行政そのものの活性化をもたらすものと思われる．

②首長のリーダーシップ

　市民的地域政策は，地方自治そのものに係わるだけに，その推進に当たっては首長のリーダーシップが不可欠である．前章の3つの地域事例は，それぞれ異なった地域条件にあるものの，市民的地域政策の形成と運用に関する具体的な動きを示すものであった．この3事例のいずれも，それらの推進のリーダーシップは首長が握っている．

　ここでは，横浜市の動きを見ておきたい．横浜市においては1996年に市民活動の重要性が認識され，市民公益活動推進懇話会を設置していた．それ以降も，市民活動，協働のあり方の必要性等が求められており，1998年3月には「横浜市における市民活動との協働に関する基本指針」（横浜コード）が提案された．そこには，協働の原則や方法，市政として進めるべき施策が盛り込まれた．それにしたがって，2000年には市民活動推進条例が施行さ

れ，市民活動支援センターも設置された．また，市民活動推進助成金が創設され，市民活動推進委員会も発足した．このように市民活動に関する制度インフラ等は，2000年までに整備されていた．それを起動させたのは2002年3月に新市長が誕生してからである．

中田宏横浜市長は最初の施政方針において，「横浜新時代・民(みん)の力が存分に発揮される都市の経営を目指して」を提起した[10]．その基本理念には，「政治・行政の役割は『民』の力を信じ，その活力を高めること」を挙げ，「『民』が自らの目指すところにより活動していくための自由と権利が保障される社会，と同時に，互いを尊重しあう互恵互助の社会」を掲げた．これについて，中田市長は次のように語った．

「『民の力』とは何か，もちろん一人ひとりの市民もそうです．ボランティアをしている人や，NPOも指します．趣味のサークルや任意団体もそうです．それから営利を目的とした株式会社，有限会社まで含みます．要は，官ではない民の人たちがまちをつくっていくことにいろいろな形で参加してくれる．そういった様々なところの自発的なエネルギーによって構成される社会にしていく，そういう環境を整えることが行政の役割であると考え，『民の力が存分に発揮される社会』にしていくのだという定義をしました．」[11]

③市民活動共同オフィス

これ以降，横浜市においては民の力が存分に発揮される社会の実現に向けて，市職員の意識改革を含めた自治体改革が進められた．2002年10月には「行政と公益的な市民活動との協働のあり方を検討するための，具体的な協働の実験や検証を行う場」として，「市民活動共同オフィス」が設けられた．この共同オフィスは横浜市中心市街地の馬車道沿いにある歴史的建造物の旧富士銀行横浜支店の暫定利用とする施設に，公開プレゼンテーション等の審査を通過した14の市民・NPOが事務所をおいて活動している．

その主な活動ジャンルは文化芸術関係5団体，保健・医療・福祉関係とまちづくり関係がそれぞれ3団体，スポーツ，環境保全，災害救援がそれぞれ

1団体であった（実際には，男女共同参画や複合ジャンルとなっているが，筆者の判断により単一ジャンルとして示している）．これらの団体と行政の各セクションは「行政と市民活動団体は行動原理も組織規模・形態，さらには文化に至るまでことなる」[12]ことを前提にして，協働のありかたの検討・検証が行われることになったのである．市民的地域政策の実験と相互理解のトレーニングが横浜市で始まった．

　旧富士銀行横浜支店への東京芸術大学演劇学科の誘致に伴い，この市民活動共同オフィスは2005年度よりみなとみらい21クリーンセンタービル7階に移転した．

3. 市民的地域政策に関する活動上の特質と組織

(1) 市民的地域政策をめぐるアソシエーションのしくみ
①自由な人間的結合による秩序と官僚制的合理性支配による秩序

　ここまでみてきたように，市民的地域政策は，住民，市民グループの活動特性を盛り込んだ生活現場を基礎にした地域社会の変革である．だが，この政策は，現象面において表れているものの，それがどのようなものかについては明らかにしてこなかった．それはこれまでの政策論がこの領域については踏み込んでおらず，たとえ議論の対象にした場合にも，政府中心の公的政策とは異なったもう1つの政策領域があることを示すにすぎないものであったからである．ここでは，それを一歩進めてその解明に迫ってみたい．

　われわれの社会の秩序化には大きく分けて2つの領域があり，この2つが相互に影響しあいながら全体秩序を保っている．その1つは自由な人間的結合による秩序化であり，もう1つは権力や権威の下での官僚制的合理性の支配による秩序化である．前者が自発的な結社（Voluntary Association）として社会に表現され，後者は政府や企業を支える活動原理や組織につながっている．この2つの秩序化は，どちらにウエイトがかかるかは別にして，どのような社会にも存在している．この2つの秩序化はときには対抗的に，とき

には補完的に存立するものであるといわれている[13]．

これまでの多くの地域政策は，政府機能によるものであって，まさに後者を中心とした社会の秩序化の発動として行われた．この点からいえば，多くの問題を露呈してきた土木国家的状況とは，国土基盤重視による官僚制的合理性の支配による秩序化の矛盾が突出したものということができる．それに対して，前者による社会の秩序化は日常世界，生活世界におけるものであって，自由な人々の自由な対話による共同性の形成を目指している．これは後者の社会の秩序化が，客観的で明示的であるのに対して，前者によるものは，主観的で暗黙の一体感のようなものである．近隣社会，共通の生活文化や信条の下での自由なコミュニケーションにより成立している社会的共同性がそれである．そのために議論の俎上にのりにくいものであった．

わが国の現代社会では，災害時等の応急対応や国民の身近なニーズに応えられないなど，政府および企業は緊急な問題にすばやく応答できないほどまでに複雑化しており，国家的秩序維持の手段としての信頼を失いつつある．その半面で，一般社会において自由な人間的結合の秩序化がクローズアップされている．ここでの市民的地域政策は，この人間的結合による秩序化に支えられて成立するものであることを強調しておきたい．

本章において，これまで述べてきた市民的政策思考，市民のポリティクス型政策思考，生活現場の市民的地域政策の基盤は，別の言い方をすれば，この自由な人間的結合の秩序化ということである．しかも，第3章においてとりあげた三鷹市，宇都宮市，山梨県早川町，そして本章でとりあげた横浜市，さらに第5章においてとりあげる自治体行政は，その枠組みで適切にとらえることができる．また，そこに対応の程度や内容に差異はあるものの，住民・市民グループと自治体行政が，生活現場において交差しながらも，相互に市民的地域政策の特性を失わせない工夫がみられる．また，第5章のコミュニティ支援機能の構図により示す内容もまた，この自由な人間的結合の秩序化の具体的表現となっている．

②ボランタリー・アソシエーションの定義と役割

　それでは，自由な人間的結合をもたらす考え方に立ち居るが，その基礎となっているボランタリー・アソシエーションについて考えてみることにしよう．国内ばかりでなく，各国の市民活動の実態を観察している佐藤慶幸はNPO，NGO，ボランティア団体等の基本的統合原理をアソシエーションであるとして，次のように定義している[14]．

　「人々が自由対等な立場で，かつ自由意思に基づいてボランタリー（自発的）に，ある共通目的のために結び合う非営利・非政府の民主的な協同のネットワーク集団である」

　ここでの自由とは，市場（営利主義）や国家（権力）から人々が自律していることを指しており，フォーマルな企業や行政（政府）による秩序の支配から離れ，別個の新たな次元で行うことを指している．つまり，先述の表現にしたがえば，官僚制的合理性による支配の秩序ではなく，自由な人間的結合による社会の秩序化ということである．ここでの自由とは，たとえば，通常の保育所サービスを例にあげれば，その既存のサービスシステムに従えば，様々な規制等によって利用しづらいので，「自分たちでやってしまおうということ」[15]である．決められた形式や手法に合わせることではなく，その本来の目的や理念を見つけ出し，それに到達するのに最も近い方法や手法を選ぶということである．また，それを通じて，他者への自由を認め，人権を尊重することでもある．

　後述するように，非営利・非政府のこのネットワーク集団は，包括的のものではないし，安定性を求めた官庁的スタイルの硬い組織でもない．日常の暮らしの中での問題点や改善すべき課題に力を結集して対処するしくみだから，住民・市民としては参加しやすいし，結集するための問題点や課題が失われれば，そのネットワークや組織は解散させればよいと考えられている．

　ここで，あらためてボランタリー・アソシエーションの活動としての意義

と特徴を確認しておこう．一般論としてではあるが，実際の社会における意義と役割としては，次の7点をあげられている[16]．

イ．経済，政治，社会の各領域において，国家や市場では対応できない問題，その逆の国家や市場がつくり出す問題に対応する．
ロ．個人の健全な精神状態，満足度，幸福感を高めながら，都市化，産業化，官僚制化等によって生じるアノミー状況，個人的孤独，疎外感を阻止しうる．
ハ．運動型アソシエーションは，社会変革とイノベーションの前衛としての位置にあり，多くの制度改革を政府に要求し，それを実現するエージェントとなる．
ニ．アソシエーションは個人と社会とを媒介し，個人の自立と連帯の統合に役立つ．
ホ．アソシエーションはさまざまな社会的領域でボランティア活動や社会参加をする機会を提供し，参加者の自己実現を可能にする．
ヘ．アソシエーションは市民社会を実現させ，国家や市場を相対化し，民主的社会と文化の多様性を維持発展する．
ト．アソシエーションの多様な領域での形成と活動は，「結社の自由」の表明であり，基本的人権の表明である．

現代社会の閉塞状況を打破する機能として，ここに示しているアソシエーションの役割はきわめて重要である．

(2) 活動の特質
①運動型アソシエーションの活動特性
さて，このボランタリー・アソシエーションの特性を基礎に，市民的地域政策に係わる活動の特質について述べることにする．現在では，アソシエーションは社会生活のほとんどあらゆる領域に形成されているといわれている

が，ここでは，社会変革型の運動型アソシエーションをとりあげる．社会学者の佐藤慶幸に従えば，運動型アソシエーションには，自助型と公共争点型の2つの類型がある．ここでは，公共争点型を検討の対象としてその概要を整理しておきたい[17]．

公共争点型のアソシエーションは，自らの問題を社会的問題としてとらえ，その原因まで解明し，私的セクターや公的セクターに対しても問題の認識と具体的改善を迫る．その際における活動特性は，社会の制度や官僚化された組織と異なって，自由な人間的結合という関係を反映したものであり，次のイからヌに示すようなことであった．

　イ．非制度的・非官僚的スタイル
　ロ．行動においては流動的・一時的で間欠的なもの
　ハ．組織よりも理念やコーズ（主義主張）を重視
　ニ．中核的メンバーの人間的条件が重要
　ホ．メンバーの活動そのものが資源
　ヘ．スタッフは原則無給
　ト．目標が達成されれば，組織は解散する
　チ．活動の経常費は少ない（広報宣伝，電話代等）
　リ．運動の資源は自ら活動とその支持者のカンパ，ボランティア活動により調達
　ヌ．運動の中核には自発的な創設小集団があり，その周りに不特定の流動的な支持集団がいる．それを構成するメンバーは理念やコーズに共鳴共感する相互に対等・平等な同志的結合

ここに示している運動型アソシエーションの特性は，その取り組む課題に対する理念や運動の要素が強調されている場合である．ここでは，活動のために使われる費用は自弁が原則となり，運動の核となるメンバーまでが無給というモデルとなっている．

このモデルのメリットは，運動が官僚化せず，同志的一体感により運営され，市民的な条件を維持できるということにある．その分，活動が活発化し，

一体感も醸成される．しかし，過剰な同志的結束は，仲間集団や特殊なコミューンになりがちであり，自己中心化する可能性もあるといわれている．そのために，問題への対応の長期化や問題領域の拡大に対応できにくいという欠点がある．ボランティアやNPOの失敗といわれる現象の多くは，こういった活動の不適応性の結果である．

実際には，この状況変化に対応して，アソシエーションのかたちが変わるといわれている．たとえば，活動を持続するために専従スタッフをおき，その他の運動資源を，自らの講演，執筆，あるいは支持者のカンパやボランティア活動によって調達するといった動きが生じる．自立自助のスタイルは潤沢な資源がない分だけ様々な個別的対応の実施によって維持されるのである．

②「共」的セクターとしての活動

さて，運動型ボランタリー・アソシエーションの活動特性はわかったとして，次にどのような状況において動いているのかを検討しておこう．まず，われわれの生活世界の状況だが，そこには個人を主体として家族・地域等の結束の下にある基層としてのコミュニティ・セクター[18]があって，そこで日常的な生活が営まれている．このコミュニティ・セクターを母体にして，

表4-1 経済社会セクターの3類型

	私的セクター	公的セクター	共的セクター
組織形態	企業官僚制	国家官僚制	アソシエーション
組織化原理	利害・競争	統制・集権	参加・分権
制御媒体	貨幣	法権力	対話（言葉）
社会関係	交換	贈与	互酬
基本的価値	自由	平等	連帯
利益形態	私益	公益	共益
経済・経営主体	私企業	公共団体	民間非営利協同組織
経済形態	市場経済	公共経済	社会経済
合理性	目的合理性	目的合理性	対話的合理性
問題点	市場の失敗	政府の失敗	ボランタリーの失敗

注：佐々木毅・金泰昌編『公共哲学7 中間集団が開く公共性』東京大学出版会，195頁から引用．

第4章　生活重視の市民的地域政策の論拠と政策　　　　181

私的セクターとしての企業等が立ち上がり，公的セクターとしての政府や地方公共団体が立ち上がっている．経済活動と政府活動のセクターである．この2つのセクター以外に，コミュニティ・セクターを含めた3つのセクターからの支援や助成等を受けて，4番目の「共」セクターが形成される．

　この4つのセクターは単独で存在するのではなく，他のセクターと関連づけられて活動することによって，はじめて存在意義を得ることになる[19]．コミュニティ・セクターを除く3つのセクターの組織や活動の類型は表に示すようなものである．この「共」的セクターは私的セクターや公的セクターとは違って，自由な人間的な結合によるものであって，その制御媒体は対話（言葉），社会関係は互酬，活動の基本的価値は連帯，そして利益形態は共益ということになる．

　市民的地域政策は，制度化され形式化された行政組織による地域政策の外側でうまれたものと位置づける．関係する生活現場，地域的現実の下で，やむにやまれぬ対応として，始まったものである．その点では，地域住民の生活世界の産物である．その取り組みは非制度化，非官僚化の運動型ボランタリーアソシエーションの発露として機能し，常に地域の現場・原点に戻りながら一種の社会変革の運動として展開することが想定される．

(3)　運動型アソシエーションとしての組織
①ネットワーク組織

　ここで，自由な人間的結合による秩序を担うアソシエーション組織についても言及しておこう．すでにふれたように，このセクターは官僚制的合理性によるものではないこともあって，一般的な組織イメージはなじみにくい．活動それ自体への関心は高いものの，それらを組織化することに費用も時間もかけないというのが一般的である．連絡のアドレス，定例の会食，会議だけを決めることだけで，あとはすべて具体的な状況下での活動で決めるというのがその典型である．

　それでも，そのメンバーが出会ってコミュニケーションをとることは必要

不可欠なことだから,その実体はネットワークや集団という柔らかい組織ということになる.そして,運動の中核には創設小集団が存在し,その周りに創設小集団に共鳴する不特定の流動的な支持者集団が参加するという形態をとる[20]というのがアソシエーションの組織化の動向である.

②組織の創造的破壊の可能性

しかし,アソシエーションの運動が拡大するにつれて,専従のスタッフが増え,次第にネットワークから官僚制的組織に移行しようとする.98年12月施行のNPO法によるNPO法人は,ある面でその組織的な受け皿の1つといえるが,この制度による組織化によってアソシエーション本来の同志的結合の関係が弱まり,個々の参加メンバーの意図を超えた効率化と目的合理的な経営が志向されがちだという実態に接したことがある.

だが,自発的な組織はボランタリー・アソシエーションへのたえざる回帰の努力を通して,本来のアソシエーションの役割を果たしうるのだといわれている.つまり,そのようなアソシエーションは「政府や企業関係セクターの行わないことを,またそれらのセクターの行うことの出来ないことを遂行することによって,さらにそれらのセクターの行動から生じるネガティブの結果を埋め合わせる行動によって,コミュニティにおける有用な,しかもなくてはならない機関として,政府や企業セクターでは充足することのできない人間的欲求を満たすことができる」[21]のだという.アソシエーションはメンバーの同志的結合から始まっており,その出発点における問題意識や理念は,規模の拡大等による組織化が必要な段階にあっても,なお重要だということである.このことは市民的地域政策を生み出す組織の性格としても重要である.

4. アソシエーションとしての市民的地域政策の体制

本章では,市民的地域政策の論拠を探し,その生成過程およびその推進の

第4章　生活重視の市民的地域政策の論拠と政策　　　183

動きをまとめることであった．そこでまず，この政策を松下圭一が述べているように20世以降の生活権思想のかたちで段階的に登場するものと認識し，松下が主張する「市民的政策思考」を検討した．次に，住民・市民のグラスルーツとしての生活現場にこだわり，その場所こそが市民的地域政策の主たるステージであることを確認した．

　もっとも，現実にわれわれの前にある政策のほとんどは，政府による政策であり，官僚制的世界においてつくられたものである．ここで主題としている市民的地域政策は住民・市民や自治体行政によって作成され実現されるものであるとすれば，生活世界に踏み込んだ政策論が必要であり，アソシエーション論にその根拠を求めたものである．そこには官僚制的合理性支配の秩序に対峙させる自由な人間的結合による秩序があり，この秩序観は日常的世界，生活世界に足場をおくものであった．

　このアソシエーションの政策論は「共」的セクターの機能を活かそうとするものであって，その組織化の課題等を論じた．

注

1)　わが国の地域政策，都市政策が政・官・財によって取り仕切られ，結果として土木国家を支えていく系譜については，本間義人「土木国家の思想―都市論の系譜」日本経済評論社，1996年参照．

2)　松下圭一「日本の政策課題と政策構成」日本政治学会編『政策科学と政治学』(年報政治学1983)岩波書店，1984年，191頁以下．

3)　最近では，ボランタリー・セクターに関する論点を扱う論文や図書がおおい．たとえば，第1章においても引用した鳥越皓之「ボランタリーセクターとコミュニティ」野尻武敏『現代社会とボランティア』ミネルヴァ書房，2001年，191頁以下や端信行・高島博編著『ボランタリー経済とコミュニティ』白桃書房，2000年を参照．

4)　たとえば，栃木一三郎「地域福祉とNPO―『福祉の市民化』から見た市民の協働，参加，エンパワーメント」『都市問題』第88巻第4号（1997年4月号）は中央社会福祉審議会等の意見具申や基本指針においても地域福祉対応の地域（コミュニティ）化や市民化が提示されていることを強調している．

5)　神野直彦は，現在のわが国社会が歴史の峠を越える状況にあり，峠越えの政治システムの使命の1つとして「人間の生活が営まれている社会システムに対して，

生活機能を支援する公共サービスを供給し，社会的セーフティ・ネットを張ること」をあげている．この新たなセーフティ・ネットは地域社会に密着している人間による現物給付が基本であって，国民に身近な政府による供給が志向される．そこに地方分権とボランタリー・セクターの役割を見出している．神野直彦「地方分権時代の自治体と公民連携」(特集：「公」の再生と地域振興)『地域開発』2001年3月号，2-4頁．

6) 1985年に国際自治体連合（IULA）が承認・発効したヨーロッパ地方自治憲章，1992年の公布されたマーストリヒト条約（欧州連合条約）において明文化されているもので，個々の人間の努力と創意により行えることは個人や地域に任せ，そこでの対応が困難な場合には自治体が行い，それでも困難な課題であればより上位の政府が実施するという原則．

7) たとえば，今村都南雄＋並河信乃＋須田春海＋辻山幸宣「『新しい公共』をめぐって―座談会」『月刊自治研』(自治研中央推進委員会事務局) 44巻517号，2002年，10月，21-31頁参照．この中で，市民的公共性は，国家的公共性に対抗するものとして提示されたが，90年代になってニューバージョンの「新しい公共性」として再登場したという．その新しさは従来のような国家的公共性との対抗関係に立つことよりも，行政と市民の連携部分を探し始めていることにあるという．

8) 松原一郎「連携と分権の位相―高齢者ケア政策と地方自治―」右田紀久恵編著『自治型地域福祉の展開』法律文化社，1993年，63頁．

9) 松原一郎，同上論文64頁．

10) 中田横浜市長就任後における1年間の市政運営の動向については，横浜市幹部職員ヒアリング（2003年5月7日）による．

11) 金子勝・中田宏・金田孝之（司会）「対談・大都市自治体改革ビジョン」『調査季報　特集・大都市自治体改革の展望―成熟社会の自治体運営を考える』150号（横浜市企画局調査課）2002年9月，3頁．

12) 丸橋敏之「横浜市市民活動協働オフィスにおける市民協働」『調査季報　特集・市民力との協働―そのあり方を考える②』152号（横浜市企画局調査課）2003年3月，15頁．

13) 佐藤慶幸『アソシエーションの社会学―行為論の展開―』(新装版) 早稲田大学出版部，1994年，122頁．本論の市民的政策論の支柱とするアソシエーション論は本書によるところが大きい．

14) 佐藤慶幸『NPOと市民社会―アソシエーション論の可能性―』有斐閣，2002年，155頁から引用．

15) ボランタリーアソシエーションに参加する人々の「自由意志」の動機を保育所を事例に尋ねられて，佐藤慶幸は「必要性」（ニーズ）であって，生活面で必要性を感じた人々がみんなで作り上げていくものだと答えた．また，そこでは社会変革志向よりも，「今を生きる自分が必要に応じてどのようにエクスプレッショ

ン（表現）し自己実現していくか，あるいはアイデンティティをもっていくかなのです」と応じている．佐藤慶幸「発題V　ボランタリー・セクターと社会システムの変革」佐々木毅・金泰昌編『公共哲学7 中間集団が開く公共性』東京大学出版会，2002年，225頁．
16)　佐藤慶幸，同上論文（2002年），159頁．
17)　佐藤慶幸，前掲論文（1994年），124-131頁．ここでの運動型アソシエーションに関する記述の基本はこの資料によっている．
18)　佐々木毅・金泰昌編，前掲書193頁．
19)　同上書196頁．
20)　佐藤慶幸，前掲論文（1994年）127頁．
21)　同上論文135-136頁から引用．

第5章

コミュニティ支援機能の構図

1. コミュニティからの支援

①コミュニティと市民の組織

　本章では，市民的地域政策を主体的に形成するしくみとしてのコミュニティ支援機能を検討する．市民的地域政策が，継続的に形成され実施されるためには，それを担う住民・市民，市民グループ等のための一定のコミュニティ支援機能が成立していなければならない．自由な市民活動を行うための自発的な市民組織が各地で生まれているが，その市民活動をより一層活発化させ，政府，市場とは別個の市民セクターとしての社会的機能にまで高めるためには，それらを支援するしくみが必要だという認識に立ちたい．

　市民組織は，住民・市民による一定のテーマに結集したネットワークであって，そのつながりとしての組織は概してもろいものである．ここで想定される組織イメージは，たとえば，社会的事件・事故・地域問題等を契機にして，一定の住民・市民がそれぞれの条件の下でネットワークを編成し，それらの活動を通じての社会や地域の改善・改良・改編の提案や実験等が行われていく．わが国における行政組織のしくみのように，当初から組織化され制度化されて出発するものではない．発生した社会問題，地域問題の解決のために，住民・市民の組織は最も近いルートを選択して，いわば一直線に課題対応に向かう．そこで最低限必要なこととして，その市民活動の組織化が進められる．そこでの「組織化」は形のある規約・規則の文書ではない．それ

以前のものである．参加者のほとんどが目標とする共通認識であり，志である．集団・組織としてのエネルギーがある半面で，主体的でメンバーシップ重視のしくみであるというのが特徴の1つといえる．

②生活の現場での支援

このような市民的組織特性が失われないようにするためには，その特性を有する活動のための適切な支援のしくみがあって，有効に機能していることが必要だ．そのためには，生活の現場，グラスルーツに近いところに，政策支援のしくみがあることが前提となるというのが，本書の一貫して流れる考え方である．それもこれまで地域づくりをリードしてきた行政のロジックではなく，市民生活そのものから，自発的に生み出されるものだという認識をとってきた．

そこで，本章ではコミュニティ支援について，その意義および内容等について検討する．それを踏まえて，NPO支援組織の実態，課題にふれ，鎌倉市，高知市，仙台市等において設置・運営されている「市民活動サポートセンター」に共通する課題を取り上げ，最後にコミュニティ支援の教訓と期待をまとめることとする．

2. コミュニティ支援機能の意義と範囲

(1) コミュニティ支援機能とその役割
①コミュニティ支援の意義

さて，市民的地域政策をまさに市民的立場から支援するしくみ（「市民的支援のターミナル」）のイメージとして，「コミュニティ支援」を提示することにしたい．

最初に，支援について述べておこう．ここでの支援は，第4章においても取り上げたように，これからの支援社会システムの基本となるしくみとしての支援であって，次のような定義[1]に従っておきたい．

第5章 コミュニティ支援機能の構図

「支援とは,何らかの意図を持った他者の行為に対する働きかけであり,その意図を理解しつつ,行為の質を維持・改善する一連のアクションのことをいい,最終的に他者のエンパワーメントをはかる(ことがらをなす力をつける)ことである.」

ここでは,支援は支援をする者と支援を受ける者のセットの関係だということである.この両者の関係は契約のような双務的行為ではなく,「自由単位による『独立的片務的行為の複合』」[2]だと言われている.つまり,支援をする者とそれを受ける者との間には特別な利害関係がないという位置づけにおいて,支援者から財や知恵などの提供があり,被支援者はそれをうけ入れながら,それらはつながりのない独立した片務的な行為とみなすというわけである.しかも,支援者は被支援者が行う行為の成功のためのものであるから,被支援者による行為の意図や行為そのものを理解したうえで,支援によってその行為の質を低下させないことにするのはもとよりのこと,より一層の改善向上を目指し,結果として被支援者のエンパワーメントがはかられるようにつとめることになる.

支援の性質がこのようなものになるのは,支援者の私的な「いきがい」や自己実現が支援の動機であって,それを被支援者によって達成されることが目的なのだからである.そのために,支援者は「人的・物的・情報的資源を関係づけ,それらが支援を効果的に実現できるようなモデル」[3]等の支援システムを行使しようとする.支援者は被支援者の行為を通して市民的公共性の形成に寄与したいのである.

この支援とコミュニティを結合させて,本書ではコミュニティ支援といっているのである.この用語を使うことで,概ね3つの意義を指摘できる.その第1の意義は支援の限定化である.コミュニティと支援をあわせることによって,想定され得るすべての支援のうちから,市民生活領域の支援に限定することができる.市民生活の領域から離れた私的な活動にとどまるものは,ここでの支援対象に含まれない.第2の意義は支援の総合化である.従来の

支援は行政による補助,助成が中心であり,しかもタテ割りで行政のジャンルごとのシマによるものが多かった[4]. これからもタテ割り行政による支援が進められることは十分考えられるわけで,それをコミュニティという地域性,共同性をもつ社会関係において総合化しようというわけである.そして,第3は市民によるネットワーク化である.そこで展開される支援が非行政非営利の要素を明らかにし,かつ支援のターミナルとしては既存の地域的共同体ではなく,市民的自由と主体性を基礎としたネットワーク関係であることを示そうとしたものである.

②コミュニティ支援の役割

たしかに,自治体行政はこれまでコミュニティ支援の環境を整備してきた.健康福祉センター,生涯学習センター,コミュニティ・センター,文化施設・文化事業団,国際交流協会,女性センター,青少年会館等,市民的生活分野の名称の入った支援機能(施設)がこれまで作られてきた.そのいずれも,その原点では支援機能の要請をうけ,ハード・ソフト両面の機能整備が求められたのであろうが,行政は被支援者の行為,その意図,ましてやエンパワーメントにまで踏み込まない.先にふれた支援システムには立ち入らないのである.踏みこむことは行政が私的領域内に入ってしまうことをおそれるからである.

このような行政とそのサービスに関する限界認識とともに,地域を超えた経済的活性化等による土木国家的な取り組みによって,行政の支援政策は施設整備中心のものに限定されることになった.さらに,これらの施設が箱ものの事業として国庫補助事業などで扱われるようになると,その施設(機能)に期待していた支援機能の原型や地域性は失われてしまいかねない.

このような中で,コミュニティ支援は市民活動や市民的地域政策推進の基盤と位置づけることができ,市民的地域政策を地域内から生み出していく機能が期待される.別の言い方をすれば,市民社会構築段階としての現代社会において,行政のもつ公共性独占を解除し,住民・市民と行政の協働等によ

る市民的公共性を生み出す関係をもたらす役割をもつといえよう．

(2) コミュニティ支援のしくみ
①支援のしくみの構成
　このようなコミュニティ支援を，1つのシステムとして形成し運用しようとすると，そのしくみとしては，活動拠点が求められ，支援の活動メニューや関連する活動を支える資金や人材が必要とされる．
　活動の主体は，自由かつ自発的で主体的な市民か，そのグループなのだから，まずは彼ら自身が結集し，創造的活動の可能な機能と組織を設けることになる．また，コミュニティ支援を進める活動メニューも自らが用意することになる．このことを一般論としていえば，コミュニティ支援のしくみが支援者と被支援者をつなぐものであって，そこには支援システムがビルトインされていて，支援活動が被支援者のエンパワーメントの強化につながるということになる．また，このような支援活動を支える資金の確保や人材配置も必要である．
　このしくみづくりについては，行政によるもの以外にはこれまで実績がないということもあって，事業および管理運営の進め方が公的施設中心のものとなっているのが現状である．その具体的内容については，後述する．

②支援のための活動拠点
　様々な住民・市民活動支援の現場を支える拠点機能は誰もが想定する．これまでの行政による機能整備においても，多くは活動の拠点整備が志向された．そこには会議室，相談コーナー，関係図書や資料の展示，簡単な作業のできる場所と機器が置かれているのが一般的である．その場所は活動を開始する段階から大規模なものは想定されておらず，旧公共施設や民間ビルの借り上げ，あるいは社会教育関係施設の一部スペースを使うものがみられる．
　また，その立地場所は人の集まりやすい中心市街地や交通アクセスの良い所が選ばれるのが一般的である．支援拠点は市民活動のいわば殿堂としての

雰囲気をかもし出す地域であることが望ましい．

　もっとも，わが国おけるタテ割り行政によるテーマ毎の「拠点施設」整備と財政上の枠組みの変化に対応しての地域施設機能の変化という現状からすると，つぎのようなNPOセンターの拠点づくりに関する意見[5]は貴重なので，以下に引用しておこう．

　　「今までの行政がタテ割りのなかでつくってきた施設を全部オープンにすればいいと思っています．公民館でも，コミュニティ・センターでも何でもいいのです．所轄部署がどこでも関係ありません．従来は福祉施設だったところを自然保護団体や国際協力団体が使ってもいいし，社会教育施設だったところをまちづくり団体や芸術文化団体が使っても構わない．全部オープンにすれば，全部『NPOセンター』です．そして，一番魅力的なところに人は集まります．あらゆる施設が競争する．それでいいと思うのです．これから，小学校など空きがたくさんできますから，その一室をオープンにすれば，すぐに『NPOセンター』になります．新しく建物をつくる必要もありません．」

　また，同様の観点として，「そこは自由な個人の集まりで，相互の意志疎通や親交をはかるとともに，必要に応じて他組織の見学，視察や学習会，シンポジウムなどを開催します．このような一種の『市民サロン』の場所としては，各家庭，集会所の持ち回りとか，コミュニティ・センターの一角の定期的利用などがあります．なかには旧郵便局や倉庫などの施設を転用して，『廃棄物』再生の応接セットやテレビを持ち込んだフロアーが一般市民に親しみやすい溜まり場としていきていることもあります」[6]というものもある．

　要は，拠点施設ではなく市民的地域政策の形成に向けて支援システムを軸とする「拠点機能」を設けることであって，人をひきつける魅力と磁場のある施設にするということである．そのためには，一定のプロセスとそれを踏まえた実績の積み上げが肝要である．

③支援活動メニュー

 このコミュニティ支援のしくみに関する活動は，すでに繰り返し述べているように，住民・市民の活動支援を目的とするものすべてということであって，個々の市民活動の立ち上げ，活動プログラムや資金，人材育成等の市民活動の組織化をめぐる諸条件とともに，事業のアイデアから政策提言のコンサルテーションまで，可能性としては，すべてにかかわりをもつということになる．

 また，活動のジャンルも多面的なものとなる．たとえば，現在の特定非営利活動促進法（2003年5月改正法施行）第2条関係別表に示された17項目はその活動メニューの目安となる．2003年6月末までに認証されている全国のNPO法人の定款に記入された活動ジャンルのベスト5は，「保健，医療又は福祉の増進」「社会教育の推進」「団体の運営又は活動に関する連絡，助言又は援助」「まちづくりの推進」「子どもの健全育成」の順となっている．コミュニティ支援の活動ジャンルはこれらの分野と重なるのではないかと思われる．

 しかし，コミュニティ支援の活動は，これらの個別的な活動ジャンルを支援するだけではなく，その支援活動を通じて，市民政策文化の形成と蓄積を図ることが求められる．そのためにも，その活動や組織化のデザインは市民主導によってなされることが望まれる．

④支援の資金と人材

 ここで，コミュニティ支援機能を運営する資金と人材についてもふれておこう．市民サイドの活動環境は概して厳しいが，そのなかでも資金面はとりわけ条件が悪い．その背景には市民の寄付の文化が育っていないこと，不十分な政府税制の対応等が挙げられる．同時に，市民活動の社会的役割が認識される一方で，安上がり行政も志向されるという財政環境の問題も大きい．後述するように先行事例をみても，初期段階の補助金，委託費の計算等において無償のボランティアを基礎に人件費を積算する等，金銭面での運用をめ

ぐる問題点が提起されている．

また，人材の問題も大きい．コミュニティ支援を具体的に進めるのはヒトであって，支援活動の浮沈はそのヒトにかかわっているのに，その課題への対応は総論の段階にとどまっている．具体的な段階では，十分な人材が配置されないのが現実である．望ましい人材イメージが一方に認識されながらも，現実妥協的に雇用・配置されているのがこの種のしくみの実際である．

3. コミュニティ支援機能の先行事例

(1) 市民活動を支援する機能の動向
①親しみやすい市民サロン

コミュニティ支援とその機能は，これまで述べてきたように，市民的地域政策の形成を支えることを目的とするしくみであって，第一義的には理念的なレベルで理解される．実際の社会の動きをみると，そこにはこのコミュニティ支援のしくみに近いものも育まれていることがわかる．これまで，市民活動を盛んにするため，あるいは盛んになったために，その支援のしくみをつくるという提案や動きは，全国各地で行われてきた．その際には，行政の支援ではなく，「私」としての「志」や主体性を大切にする支援のしくみが模索された．

すでに80年代後半には，ソフト化社会に向けた試みや市民主体による地域の個性化が志向され，自主的な市民組織等が各地でつくられていた．その支援組織として，まちづくりの支援，コンサルタント等を行う市民的組織が発足していた[7]．そのなかでも，1992年に世田谷区都市整備公社に設けられた世田谷まちづくりセンターは出色の存在であった．世田谷区とその住民が中心になって，まちづくりのグループの支援，住民・市民と行政との橋渡し，公益信託との連携，まちづくりのノウハウ・情報の集積・支援等を実施してきた．それもボランティア活動が急速に広がった阪神大震災以前に，設置され機能していたことに注目したい．

ところで，市民活動支援のさきがけとなったのは，1996年4月に開設された公設公営のかながわ県民活動サポートセンターである．JR横浜駅西口近くのビルに会議室，印刷機・複写機等を備えた作業場所とともに，利用団体向けのロッカー，レターケースといった施設に加え，情報・相談コーナー，アドバイザー，調査研究，広報等を行うソフトを備えていた．それも利用者本位に，夜10時まで開館するものであった．このような施設は市民活動に携わる人々にとって便利なことと，行政による活動支援の典型的事例として認識され，その後，同じような施設が全国各地につくられていった．

②支援機能の動き

このように市民活動の主体間，市民活動主体と行政間の間をとりもつ機能が注目され，市民活動の広がりの中で重要性が高まっている．

そこで，市民活動支援に関する全国な動向や問題点を確認するために，デ

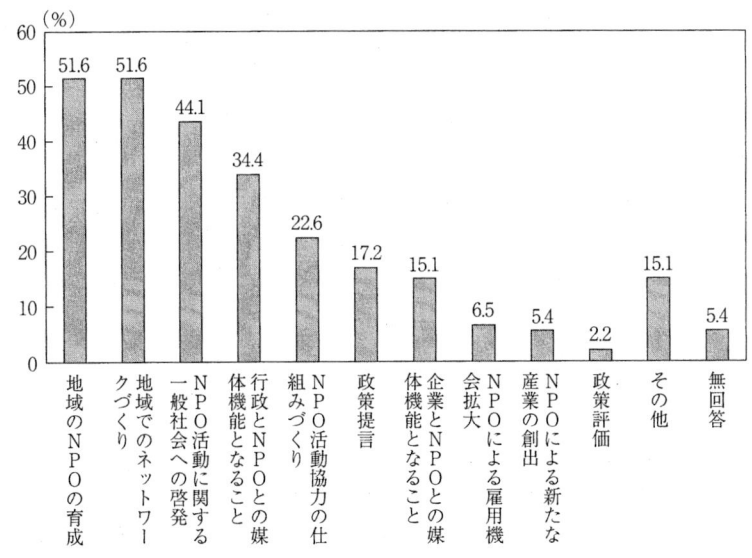

項目	%
地域のNPOの育成	51.6
地域でのネットワークづくり	51.6
NPO活動に関する一般社会への啓発	44.1
体機能となるための媒	34.4
行政とNPOとの媒	22.6
NPO活動協力の仕組みづくり	17.2
政策提言	15.1
企業とNPOとの媒体機能となること	6.5
会拡大	5.4
NPOによる雇用機	2.2
産業の創出	15.1
NPOによる新たな	5.4
政策評価	
その他	
無回答	

出典：内閣府国民生活局編「NPO支援組織レポート2002」17頁．

図5-1 中間支援組織の組織目的とミッション（最も重点をおくもの）

ータとしてはやや古いが，2001年12月に行われた内閣府国民生活局調査の調査結果のうち，「中間支援組織の活動・運営実態に関するアンケート調査」[8]の結果を検討することにしよう．この調査においての中間支援組織に関する定義は「多元社会における共生と協働という目標に向かって，地域社会とNPOの変化はニーズを把握し，人材，資金，情報などの資源提供者とNPOの仲立ちをしたり，また，広義の意味では各種サービスの需要と供給をコーディネートする組織」としている．このように中間支援組織を定義した場合には，NPO法人以外の団体を含めて約200程度あり，首都圏と関西圏に全体の4割が立地していると想定された．

また，これらの支援組織の設立運営形態としては，大きくは「公設」（公設公営と公設民営の両者を含む）[9]と民設の2つのタイプに分けられ，設立時期は1995年以降のものが全体の82％（民設の組織は92％）になっている．この動向は90年代以降の市民活動の高まりやNPO法人に関する制度整備を反映しているものと解釈されている．なお，設立運営形態のタイプでは，民設民営54.8％，公設民営18.3％，公設公営15.1％となっており，このようなジャンルであっても，当時から民営が半数以上を占めているのは認識されていてよい．

ところで中間支援組織の組織目的，ミッション（3つまでの複数回答）としては，図示しているように，「地域NPO育成」と「地域でのネットワークづくり」がともに51.6％で，それに「NPO活動に関する一般社会への啓発」(44.1％)，「行政とNPOの媒体機能となること」(34.4％)と続いている．そこには，今日の中間支援組織の機能・役割への期待感が表れているように思われる．

それでは，こういった支援組織はどのような支援活動をしているであろうか．現在提供している支援としては，図5-2に示しているように，情報が圧倒的（91.4％，1つだけ選択でも5割近い）であり，それに施設・設備(54.8％)，マネジメントノウハウ(54.8％)，人材(53.8％)が続いている．

ところで，支援を望むNPO法人や行政側の期待と，支援組織が力を入れ

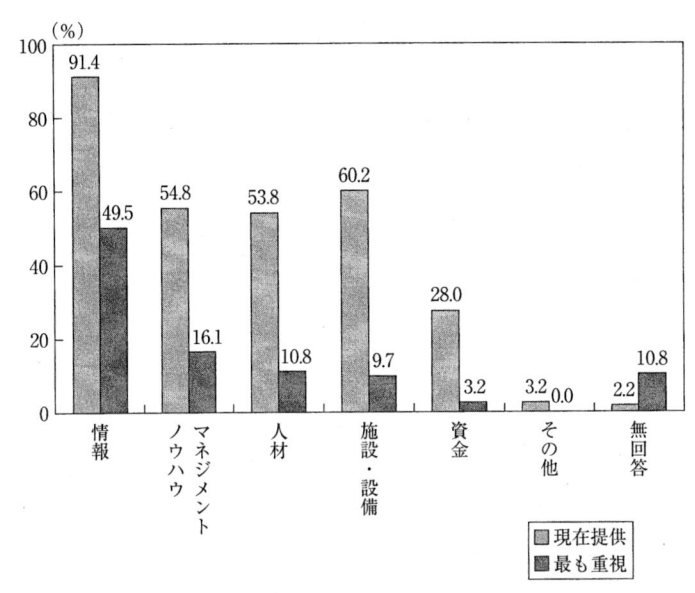

第5章　コミュニティ支援機能の構図　　　　　　　　　197

出典：内閣府国民生活局編「NPO支援組織レポート2002」18頁.
図5-2　中間支援組織がNPO支援のために提供している資源・ノウハウ

て取り組もうとしている事業等との間は，マッチングしているのかどうかである．図5-3はその違いをみようとしたものであるが，そこには，かなりのズレがみられる．NPO法人は資金面の支援やNPOの社会的認知度の向上を求め，行政側は政策提言や企業とのNPOの協力機会拡大の支援を求めているのに対して，中間支援組織はNPOネットワークへの支援，市民へのNPOの活動に関する参加の働きかけを課題としている．とくに，資金面の支援に関する認識の差は大きい．これらのミスマッチによるズレの発生と対応については，中間支援組織の役割等に関する共通認識を含めた検討が今後必要であることをこのデータは教えている．

　この全国的アンケート調査結果にみる市民活動に関する中間支援の組織・機能については，現状認識として次の3点を指摘しておきたい．まず第1はその主体であるが，行政等による公設よりも非行政による民設が半数以上を

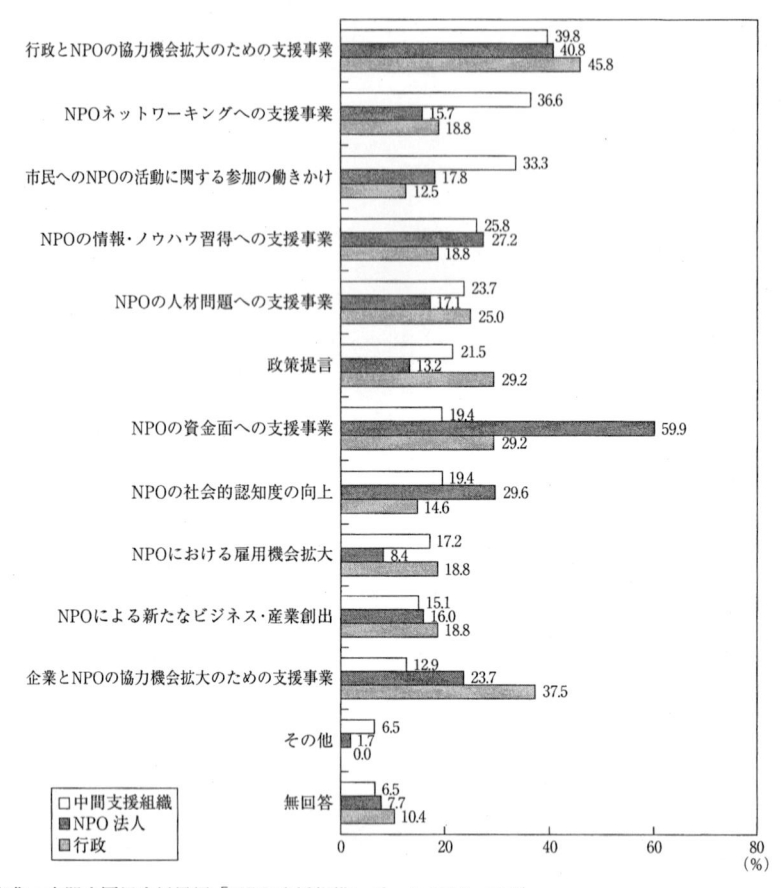

事業	中間支援組織	NPO法人	行政
行政とNPOの協力機会拡大のための支援事業	39.8	40.8	45.8
NPOネットワーキングへの支援事業	36.6	15.7	18.8
市民へのNPOの活動に関する参加の働きかけ	33.3	17.8	12.5
NPOの情報・ノウハウ習得への支援事業	25.8	27.2	18.8
NPOの人材問題への支援事業	23.7	17.1	25.0
政策提言	21.5	13.2	29.2
NPOの資金面への支援事業	19.4	59.9	29.2
NPOの社会的認知度の向上	19.4	29.6	14.6
NPOにおける雇用機会拡大	17.2	8.4	18.8
NPOによる新たなビジネス・産業創出	15.1	16.0	18.8
企業とNPOの協力機会拡大のための支援事業	12.9	23.7	37.5
その他	6.5	1.7	0.0
無回答	6.5	7.7	10.4

出典：内閣府国民生活局編「NPO支援組織レポート2002」40頁．

図5-3　中間支援組織が取り組む予定の事業とNPO法人・行政の期待する事業

占めているということである．個々の分野ではなく，それらの分野をつなぐ媒介，調整の活動であっても，市民団体によるもの（民設民営＋公設民営）が8割以上を占めているという事実に注目したい．第2は支援内容であって，「情報」が圧倒的だということである．施設・設備やマネジメントノウハウ等を大きく離している．おそらく，支援内容は「情報」という表現でしか言い表せないこまごまとしたことが多いということであろう．そして第3は，

中間支援をする側，される側，それを見守る側（行政）の３者においてミスマッチが見られることである．この点からもこの中間支援機能が多くの課題をかかえていることを示唆している．

(2) 先行的事例としての「市民活動サポートセンター」
① 3つの事例

このような中間支援組織の実態を踏まえて，全国の市民活動支援をリードしていると思われる３つの組織に関するいくつかの局面を取り上げよう[10]．そのいずれの組織も90年代後半に発足したもので，内閣府の調査の分類では「公設民営」[11]の組織として分類されているものである．すなわち，98年

表5-1 鎌倉・高知・仙台のサポートセンター

	鎌倉市市民活動サポートセンター	高知市市民活動サポートセンター	仙台市市民活動サポートセンター
都市人口（2008年）	173,538人	341,771人	1,030,570人
設立年月	1998年5月	1999年4月	1999年6月
設置条例	鎌倉市市民活動センターの設置に関する条例	高知市市民活動サポートセンター条例	仙台市市民公益活動の促進に関する条例
運営団体	NPO法人鎌倉市市民活動センター運営会議	NPO法人NPO高知市民会議	NPO法人せんだい・みやぎNPOセンター
拠点施設	NPOセンター鎌倉 NPOセンター大船	民間ビル（後に市庁舎）	元専門学校教室のビルから2006年9月新施設に移転
委託業務	情報の収集提供 相談機能 啓発事業	施設の管理 情報収集提供 相談・コーディネート 啓発事業 調査研究	情報収集提供 相談業務
スタッフ	非常勤事務局長 窓口の案内・相談はボランティアが担当（交通費・昼食代支給）	常勤3人（事務局長，正規職員2人（公募による選考）	常勤12人（正規職員9人，非常勤3人）いずれも公募による選考）

出典：加藤美奈「協働のケーススタディ①―市民活動センターの運営と自治体」山岡義典・大石田久宗編「市民・住民と自治体のパートナーシップ第3巻　協働社会のスケッチ」76, 77頁の表から抜粋し作成．記事内容の一部は筆者が修正している．

5月開設の鎌倉市民活動センター，99年4月開設の高知市市民活動サポートセンター，同年6月開設の仙台市市民活動サポートセンターである．なお，この3つのサポートセンターは，ともに先に述べた内閣府調査の対象になっている．この3つのサポート施設は概括的には表5-1に示すような状況である．

本項では，3つの事例に関して発足以降の動向等を整理しておきたい．

②設置の過程と主題

この3つの支援組織の設置過程に共通しているのは，首長の明確な意思，総合計画への明確な提起，そして自主的な市民的組織による起動の3点である．首長の明確な意思として，例えば仙台市では，直前の市長が大規模な汚職で去ったということもあって，新市長は最初から市民の目線の高さ，市民参加，市民とのパートナーシップを重視しており，市民活動を活性化させる対応に積極的であった[12]．また，総合計画への記述は自治体の計画行政の定着を証明しているものであるが，鎌倉市の第3次総合計画には「コミュニティ支援」を記述していることは注目しておきたい．さらに，自主的な市民組織による設置であるが，仙台市では，発足3年前の96年に「市民公益活動支援に係わる調査業務」が外部委託されるが，その相手方は通常のシンクタンクではなく，市民活動団体や大学教員等によってそのために設置させた「仙台NPO研究会」に発注している．その成果は4カ月ほどの調査研究期間を経て，報告書が出されているが，市民の視線と新たな市民政策の基盤にまで言及する意欲的なものであった．

この3点以外に，高知市において見られた設置過程における活動の目標とスタンスの変更についても注目しておきたい．高知市では当初の市民組織イメージは福祉のジャンルを中心とする「ボランティアセンター」であり，市当局を事務局とした市民ボランティアによる委員会によって審議・検討された．この市民ボランティア中心の委員会は3年を経て体系的な市民活動支援の組織と運営条件等についても提案していた．そして，市の事務局主導によ

る市民活動支援のしくみは，そのままでも誕生するはずであったが，98年9月に発生した高知市の豪雨災害はこの提案をそれまでの行政主導から市民主導に転換させることになった．

　この豪雨災害から救済活動は市内の福祉，環境，災害等様々の市民ネットワークの結束をもたらし，彼らはNPO高知市民会議に合流した．そして，それまで主導してきた行政は黒子の位置からより一層後衛に退いたわけである．この会議は後に市民活動サポートセンターの運営主体になるのだが，この時点から市民による自主的運営を模索することになった．被災とその復旧を契機に生じたコミュニティが力を出し始める瞬間がそこにあったわけである．

③運営主体と組織

　この3つの支援組織の運営主体と組織そのもののかたちは，設置過程から生まれたものである．この3つはともに市民がリーダーシップを握って広い意味での組織化が図られたために，運営は市民のセクターとなった．鎌倉市の組織は支援機構の設置過程を推進した市民運営会議がNPO法人の認証を取得し運営主体となった．仙台市の組織は，紆余曲折を遂げながらも，市内ではすでに支援型のNPO法人として評価を確立していたせんだい・みやぎNPOセンターとなった．高知市の運営主体は前述した通りである．

　3つのセンターはともに，運営主体は市民組織であるが，その位置づけは若干異なる．鎌倉市，高知市はアソシエーションにおける思いを組織に残していて，活動の無償性が出発点になっているように思われる．それはスタッフや行政側の経費負担の認識にみることができる．それに対して，仙台市の組織はすでに経営実績のあるNPO法人が受託したことや受託側がスタッフ応募等を大々的に行って事業経営の次元で行政と交渉したという技術的な側面も大きいように思われる．他の2つの都市と違って常勤中心のスタッフがセットされたのである．

④事業内容とルール

　事業内容とルールは3つの事例で大きな差異はみられない．もっとも，市民利用施設の維持管理を通しての活動支援ということだが，市民主体のメリットが今ひとつ明らかではない．市民利用施設としての機能に着目すると，これら3つに先行した公設公営のかながわ県民サポートセンターの方が効率的だといえる．

　これらの施設はルールを含めてソフト面の展開にその意義が見出されるものであるのに，行政主導による市民サービスと同じく施設サービスばかりが目をひくのが実態である．支援システムの構築を含めて，事業内容を見直す必要があると思われる．

⑤財源・資金

　3つの事例はともに，公設市民営の体制であり，市民営とはいっても公設の施設利用をきっかけに発足したNPO組織（仙台市はその例外だが，受託部分と本体部分とは別個に運営されている）であるために，財源・資金とはいっても施設に関連するものに限られる．それも施設等の基盤に関するものは自治体行政がすべて負担している．ここでの財源問題が生じるのは，これらの組織が市民と行政の中間領域に踏み込んで事業化等を進める場合のものである．現在の段階では，行政と受託団体との間での委託料・補助金等をどう決めるかの次元の議論にとどまっている．市民営としての型破りを期待したいものである．

⑥自治体行政との関係

　最後は，自治体行政との関係である．行政側において，行政のスタイルを持ち出さない自制が働いているようにも思われる．ともあれ，3市ともに，市民と行政との関係は従来の行政主体のものとは一線を画している．また，この3つの事例ともに行政管理型の発想・スタイルはとられておらず，市民による自発的運営型の発想・スタイルを貫こうとしている．

仙台市は市民活動サポートセンターを構想するにおいて，市民団体を中心にした調査研究を行ったと述べたが，その報告書の一部に市民と行政の関係のあるべき姿が書かれているので，少し長いが引用しておこう[13]．

「先行する自治体の担当者の話を聞くと，行政による支援策が完備すればするほど行政依存型の団体が増えるという矛盾に悩み，危惧を抱いているように見受けられる．この関係は，市民活動団体と行政の支援策の関係にとどまらず，今後，新しい参加型の市民社会を展望するときに，つねに市民と行政の関係についてまわる問題であろうと思われる．それに対する特効薬はないが，市民活動団体と行政の関係において，支援策そのものの企画立案と施策の実施のプロセスにつねに市民活動団体が参加していくという方法によって，従来の依存か反発かという時代を越え，パートナーシップという信頼に基づいた緊張感のある相互信頼関係を形成していく手がかりを得ることができるのではないかと思われる．その意味でも，行政による市民活動団体に対する支援策の検討は，個別的，個性的なニーズに応える，選択的な公共サービスを担うNPO（非営利組織）が社会の第三のセクターとして適切に位置付けられる時代を展望するものでなければならない」

(3) 新しい公共づくりのしくみへ

本節では市民活動を支援する市民的機構の実態をとり上げたが，わが国においての市民主体の中間支援機能とその組織化は，行政からの機能分化等によるものとして始まったばかりであって，これからも試行錯誤が続けられるものと思われる．

そのなかから，自主的運営の定着を目指すことになる．また同時に，「非営利の世界には活動が妥当であったかを自然にフィードバックさせ，チェックするしくみが未だ整っておらず，積極的に信頼性をアピールしなければ，単に非営利というだけでは活動の質を保証してくれるなにものもない」[14]と

いう指摘は重要である．市民活動の支援においても，計画的経営の原則の適用はなされなければならない．

いずれにせよ，市民活動における支援機能の整備と充実は「新しい公共」づくりの市民活動をコミュニティとして支えようとするものだという確認と合意づくりが必要であって，それが生活重視の市民的地域政策を生み出す自発的機構となるものと思われる．

4．コミュニティ支援の教訓と期待

(1) コミュニティ支援の教訓
①自治体行政と市民活動の分離と協働

コミュニティ支援はコミュニティと住民・市民のために様々な支援を行って，自主的な市民的地域政策の形成を側面から促すものである．このことの必要性と重要性は認識されつつあるとしても，いまだその体制やそこへの道筋が明確につくり出されているわけではない．

そのような現実のなかで，次に述べるようなプロセスを重視し，実験的対応を求め，そして，コミュニティ支援をより力強いものにするため，規制緩和や既得権の排除は重要である．もっとも，その根本はこれまでの自治体行政に蓄積された市民的活動に伏在している．これは結果として市民の行政への依存関係の温床となっていたものであるが，それを行政から分離し外部化（市民化）することが必要である．そのような展開によって，新たに生起する住民・市民の生活課題解決等における協働が始まるものと認識したい．

②プロセス重視

教訓の第2はプロセス重視だということである．コミュニティ支援を基礎とする市民的地域政策は市民主体のものであって，それにかかわる人々の共感，共通認識，そして一体感はその推進にとって必需的なものである．そのプロセスのなかで，テーマが共感され，新しいアイデアが生まれる．このこ

とは結果重視の行政中心のものと対照的である．すでにふれた事例にあっても，情報公開，参加，協働等のプロセスが進められた活動は住民・市民に支持されている．

③実験的対応

教訓の第3はこのコミュニティ支援は，生活現場としてのグラスルーツにおいて特定の環境条件の下で行われるものであって，その性質としては社会実験ともいえる．本章において言及した鎌倉，高知，仙台の市民活動サポートセンターの設置の動きはそれぞれが，独自の実験的試みであったことを示している．

(2) コミュニティ支援への期待

コミュニティ支援によって，何がどう変わるのであろうか．これについての期待としては，第1は住民・市民およびそのグループの活性化をもたらすことである．潜在化している自発的な住民・市民に自らの活動や主張を発信する舞台を与え，地域型，テーマ型の市民集団・組織を活性化することになる．さらに，近隣ネットワークの拡張の役割も期待したい．

第2は市民的専門性の地域的結集をもたらすことである．もともと行政の外側に多くの専門家がいるにもかかわらず，彼らの能力は地域において活かされていなかった．分散する個別課題への対応とともに，その枠組みには行政を中心とするシステムが介在していたのである．地域には知的資源があっても，それを地域に活かすしくみがなかったのである．コミュニティ支援は眠っている資源，活力を掘り起こし，地域なればこそのつながりやネットワーク形成に寄与することを期待したい．

第3はコミュニティ・シンクタンクの形成である．これは第2の市民的専門性の地域的結集とのかかわりが大きいが，住民・市民とその地域のための政策提案を生業とするシンクタンクが多く登場することである．コミュニティ・シンクタンクはその活動スタンスとしてはNPOであり，政策研究は生

活現場としての地域との密接な関係を基礎としたグラスルーツの政策研究である．その活動の成果は市民的地域政策の形成に直接的な貢献も期待される．第3章4の早川町の事例として取り上げた日本上流文化圏研究所の動きは，それが山村過疎社会において展開されているとはいえ，コミュニティ・シンクタンクの1つの設置形態と機能ということができる．

　第4は市民活動支援のしくみであるが，地区等のコミュニティの枠組みにおいてそれが成立するのではないかと考えられる．最近の市町村合併により行政区域は拡大されつつあるが，その内側の中学校区程度の広がりでの支援のしくみとしての定着が期待されている．市民活動のしくみはいつも生活現場とつながっていることが必要であって，行政区域よりも狭い区域であることの方が活動としての独自性が出せるものである．もっとも，本章において事例として取り上げたものは行政区域を単位とするものであったが，その現段階は出発点にあって，将来的には地域化していくものと思われる．

　第5は自治体行政の改革可能性についてである．すでに自治体行政は，市民活動の高まりの中で，参加と協働のしくみを模索し，情報公開，評価システム，事務事業の市民団体，NPO等へのアウトソーシング等が進められ，一種の市民化過程を進みつつある．コミュニティ支援が活発になれば，自治体行政はいわば末端部分からの革新を余儀なくされる．協働領域は行政側からみれば，ジャンルとしては生活行政，地域としては小地域から進むのである．

5. コミュニティ支援の可能性

　本章は，コミュニティ支援に関する現状とそこから学びとることのできる教訓について論じた．すでに，全国各地において市民活動は進められているし，NPO法人の運営等を支える支援のしくみも広がっている．そこには，市民間，コミュニティ間のいわば水平的支援のかたちをみせ始めているといえよう．

そこで，本章では NPO 支援の大きな流れと枠組みを内閣府国民生活局の調査レポートにより把握し，その上で，鎌倉市，高知市，仙台市において先行的に実施されている市民活動サポートセンターの動向を取り上げた．

　そこでは，関わりについての濃密さやスタンスに多少の相違点はあるものの，着実にコミュニティ支援機能が形成されつつあることがわかった．これからの時間の経過のなかで，ますます充実していく可能性が感じられる．

注

1) 今田高俊「支援型の社会システムへ」支援基礎論研究会編『支援学—管理社会をこえて』東方出版，2000 年，11 頁からの引用．その原典は厚東洋輔・今田高俊・友枝敏雄編『社会理論のフロンティア』東京大学出版会，1993 年．
2) 山本匡「支援から自立分散社会へ」支援基礎論研究会編，同上書 51 頁．
3) 今田高俊，前掲書 13 頁．
4) 山岡義典「市民活動の全体像とその分野—分野を越えた交流のために—」同編著『NPO 基礎講座 2—市民活動の現在—』ぎょうせい，1998 年，19-28 頁は，「市民活動」の概念の形成や NPO 法人制度がつくられていく過程は，それまでのタテ割り行政によるジャンルとそのシマを超えた動きをつくることだったという．また，今後もタテ割り行政への横断的対応，活動の担い手が他のジャンルと交流しようとするオープンマインド，市民活動支援のための拠点の 3 つの必要性を述べている．
5) 山岡義典，同上書 28 頁．
6) 奥田道大『都市型社会のコミュニティ』勁草書房，1993 年，165 頁．
7) 奈良まちづくりセンターや下関 21 世紀協会等とともに，○○研究会，××の会が各地で見受けられた．1987 年からの 1 年半，日本都市センター自主研究として，筆者を含む 6 名の研究会（座長高木鉦作國學院大学教授）を行って都市シンクタンクのあり方を検討したが，当時の住民・市民のまちづくりへの参加動向に影響されて，その成果は「まちづくりパートナーの提唱」となった（（財）日本都市センター編「都市主導の時代—創立 30 周年記念研究—」1989 年 7 月，第 IV 章）．また，93 年度には日本都市センターの自主研究として市民参加型の第三セクター研究（委員長・柴田啓次千葉経済大学教授）を筆者は組織し，市民主体のまちづくりの組織（市民参加型第三セクター）の造語としての「市民公社」を発表した（（財）日本都市センター『都市づくり新時代の市民公社—第三セクターの地平から』1994 年 3 月）．報告書発表の 2 年半後の 1996 年 10 月に岡崎市が「岡崎まちづくり市民公社」を発足させている．市民と行政の混合型の組織化が模索されていたということができる．

8) 内閣府国民生活局編「NPO支援組織レポート2002―中間支援組織の現状と課題に関する調査報告書―」2002年8月．この報告書には，全国の中間支援組織を対象とするアンケート調査，中間支援組織のユーザーのNPO法人を対象とするアンケート調査，行政とNPO法人の協働のあり方についてのアンケート調査とその補足ヒアリング調査の3調査結果が含まれており，多くの知見がえられるが，本論では論旨に沿った一部の内容の紹介，確認にとどまっている．詳しくは，この報告書を参照のこと．
9) この調査においては，公設公営を官設官営と表現しているが，実際上において意義内容に関して差異はないものと思われるので，ここではこの論文の表現にしたがって，「官」を「公」で表現した．
10) ここでの記述の多くは加藤美奈「協働のケーススタディ①―市民活動センターの運営と自治体」山岡義典・大石田久宗編『協働社会のスケッチ』ぎょうせい，2001年によっている．また，加藤氏からはこの3つのサポートセンターについての関係資料等の提供と実態等の教示も受けた．
11) 官設民営という表現自体に記述上の問題があるわけではないが，「民営」という言葉は企業経営のニュアンスをもってこれまで使われてきたこともあって，ここでは「市民営」「NPO営」という表現が望ましいと考えている．
12) 仙台市はこのような市長の明確な意思もあったが，これまで緑化による杜の都づくり，スパイクタイヤ廃止運動等の環境系の市民活動が活発であったという市民運動史的な背景もある．
13) 市民活動地域支援システム研究会（仙台市）「市民活動団体との懇談会に関する報告書」1997年10月，35頁，あとがきの一部．
14) 内閣府国民生活局編，前掲書1頁．

終章

生活重視の市民的地域政策の形成
― 住民と近隣社会からの地域政策 ―

1. 住民と近隣社会に係わる課題

①近隣社会の組織的分断と再連結

　本書に論述してきたことを概括的に整理しておく．序章において，市民的地域政策の起点は地域に根差した市民活動であることを明らかにした．多様な地域組織は近隣の社会を中心に成立したものであることを述べた．次に第1章において，わが国における近隣社会の組織的状況を近代化，都市化そして逆都市化の過程のなかでまとめた．近隣社会を支えるための地域組織の役割は，近隣の社会を超えたより大きな政治的行政的契機によって，問題解決の制度やしくみから切り離されていく状況であることを明らかにした．そのうえで，近年になって近隣社会が地域に下降してきた社会サービスや近隣ネットワーク等の新たな形態を示しながら，再生されつつあることを述べた．

　戦争遂行を目的とした翼賛的町内会の成立，戦後地方制度設計期における近隣社会と地方行政の直接的なつながりによる地域組織の形骸化等が進められた．この間の町内会の変遷と消長が，その全体的状況を象徴的に物語っている．それと引き換えるかのように，戦後以降の地方行政に多くの小さな行政サービスが作り出された．さらに，そこには均衡ある地域発展の志向が埋め込まれており，まさに上からの福祉国家としての社会サービスが産出されていった．70年代に一種のブームとなったコミュニティ行政もその例外ではなかった．

ようやく90年代になって自発的な市民活動とその組織化が活発になり，同時に近隣社会を支える地域組織も再生の兆しが生まれた．それを助長したのが，行政の役割縮小を求める行財政構造改革と生活者からの社会的サービスの地域化，市民化の要請であった．この動向は単なる行政上の政策スタイルの形成にとどまらず，現代社会の公共性を規定するものとして，広がった．生活現場からの市民的公共圏が生み出されようとしているわけである．

第2章において，市民主体のコミュニティ活動の歴史的展開の軌跡を主に福祉的活動等のテーマによって追った．そこでは政治的慈恵や宗教的慈善の影に隠れながらも，基本としての相互扶助が連綿とつながっていることを確認することになった．また，戦後以降の工業化，都市化のうねりの下で浮遊する地域共同体の位置と役割を捉えようとした．そこではあらためて，地域変動の中での近隣社会の解体と再生を示し，そこからの市民活動と近隣自治形成の動きを確認した．

②市町村における市民と市民的地域政策の位置

第3章では，大都市部，地方都市部，山村地域の3つの地域を取り出して，そこでの市民活動と自治体等の政策支援の動きを明らかにした．大都市部の三鷹市にあっては，コミュニティ政策と計画への市民参加の実績を踏まえた「下から」の地域政策形成が確認された．また，山村地域の事例では，行政と市民，居住市民と来訪市民の中間に位置づけられる市民的地域組織としてのコミュニティ・シンクタンクが「下から」の地域政策形成に寄与している実態を見出すことができた．そして，地方都市の宇都宮市における事例からは，市民と行政の関係についての構造を従来のままとしながら，地域政策の考え方や政策そのものを変更する方法を見出そうとしていることも明らかになった．つまり，総合計画の都市像に市民都市を掲げ，市民と行政の協働を主要な方策としているものである．だが，同時にそのような小手先の対応だけではうまくいかないという実態が明らかになる一方で，地区行政の現場において下からの地域政策の芽生えを確認できたのである．

③市民的政策思考とヨコからの支援

　第4章では，本書の主張の軸としての生活重視の市民的地域政策を論じた．そこでは，市民自身による政策思考が重要であり，生活現場重視の志向とともに，公的システムの市民化，地域化の動向を踏まえてその論拠と対応上の特質を提起した．その底流にある原理としては，多様な運動型アソシエーションの形成と展開にあるとした．

　「下から」の，住民や近隣社会からの地域政策としての，市民的地域政策を主題とする際に，その形成の機能支援がテーマとなる．それも上からではなく，せめて横からの支援が不可欠となる．そこで第5章において，市民的地域政策の形成・推進の機能としてコミュニティ支援機能を検討した．あらためて支援機能の意義と役割，そしてコミュニティ支援のあり方を確認して，府県や都市部において着手されはじめている市民活動支援のしくみとその運用上の課題を明らかにし，NPO支援組織の動向とともに主要な事例を検討した．その成果をコミュニティ支援の教訓と期待としてまとめた．この支援機構の重要なポイントは，その動向が自治体行政から補助や援助と分離していること，活動のプロセスを重視すべきこと，実験的対応を基本とすること，市民的専門性を重視すること，地区等住民に身近なエリアの設置可能性等であった．

　以上のように，本書は市民とその生活現場としての地域を起点とした地域政策の必要性と可能性を検討した．それも，これまでの地域政策が，上からの全国的視野に基づく「配分の論理」による地域政策形成とそれを実現するしくみに替えて，住民や近隣社会の「下からの交換の論理」による地域政策とそのしくみを提案しているのである．これをより確実なものとするためには，次の4点の対応を提起しておきたい．

2. 近隣社会を基礎とする地域政策の方向

(1) 住民自治のコミュニティへ
①自治の視界の外にあった住民と市民
　わが国におけるこれまでの地方自治の推進とは，自治体行政の中央政府からの分権と自治体行政運営の自立化であって，そこでの住民・市民は仮置きの存在でしかなかった．しかも，そこでの住民・市民はアクティブで自治を形成・維持する存在とは位置づけられておらず，依然として，その対極としての行政サービスの需要者・食いものにする人達（eater）として位置づけられていたというのは言いすぎであろうか．その結果，そこでの住民自治，市民自治は形式的なものにとどまり，住民・市民への対応は，どこまでも行政主体を軸とする保護，援助を必要とされてきた．

　この視界，視野には，住民や近隣社会における相互扶助，市民ボランティアによる支援活動，近隣社会における自治の動きは入りにくい．たとえ，そのような状況が社会的なものとして表現されたとしても，特定の住民団体固有のもの，地域特殊的なものと認識されたということである．あるいは，一時的で部分的な現象だと認識されてきた．だから，第2章で述べたように「民」の社会的ネットワークが古くから存在し，近隣社会の相互扶助を支えてきたにもかかわらず，それを媒介したにすぎない国家的慈恵や宗教的慈善ばかりが強調され，近隣社会のしくみとしての自治の部分は空気や水のような自然の存在として後景に置かれて，論議の対象にすらされなかった．

②市民的公共性の出現
　しかし，60年余におよぶ戦後民主主義の社会的思想の継承と，その具体化のための生活現場における模索は，市民的公共性といわれる市民活動を基盤とした公共性を生み出し始めている．それまで後景に置かれていた小さな社会関係がもう1つの社会システムとしてクローズアップされ，その存在が

終章　生活重視の市民的地域政策の形成　　213

確認される．だが，それにとどまらず，現代社会における社会的政治的システムの前景として，さらにはその一部として認識されるようになっている．これが市民社会論であり，ソーシャル・キャピタル（社会関連資本）論である．また，ボランティア経済論，社会経済論として示そうとしている内容である．

　この認識過程において地域社会に関するコミュニティ・モデルが求められ，自主的な地域づくりとしてのまちづくりの実験が先進的地域で行われた．また，高齢社会の進行に対応するように福祉コミュニティも確認された．さらに，それらの地域的活動に参加する人々の意識と行動がボランティアの特性をもつことが認識されるようになった．阪神淡路大震災をはじめとする多くの自然災害や緊急時において，市民活動の社会的役割を実証し，社会的信頼を獲得していることは一般化している．公的セクターの信頼失墜と好対照をみせる動きだといってよい．

③住民・市民による膨大な実験

　これまでの膨大な地域社会の実験・実証は，市民や地域社会の自立・自助を基礎とするものであって，そのグラスルーツとしての生活現場とともに，市民的地域政策の主体とフィールドが確認され構築されることとなった．生活現場を起点に，必要性が認識された広い意味でのサービス提供を通じて，それを素材に自治体行政に接続する政策提案がなされてきた．それらは，まさに自治体「市民」としての参加と行動だということができる．

　それらは予め用意されたものではなく，政府や市場によって提供されるきめの粗い社会的環境条件の下で，一般的な理論的課題によりつくりだされるものでもない．いわばその隙間をぬうようにして形成された．そこでは思想よりも先に実態としての必要性があり，論理よりも先に行動があった．それゆえに，組織よりも先にメンバー重視のボランタリーなネットワークが形成される．このようなネットワークは，すでに膨大な数のものがわれわれの国土を被っている．しかも，それらは行政的枠組みに頓着せずに，グローバル

に活動しているものも多い．全国の NPO 法人の認証件数は 2008 年 3 月末の時点で 3 万を超え，なお増えつづけているのだから，その数倍の市民組織の存在が想定できよう．また，町内会自治会等の地域組織も行政依存から離れ，市民活動としての側面を強めつつあるのだから，無数の小さなコミュニティが着実に生まれているということができる．

　しかも，行政側の強い支えによるものとはいえ，市民活動とそれを継続的に推進するしくみがコミュニティ支援機能として各地ですすめられている．現在では市民活動の部分への支援・サポートが中心となっているが，今後は構造的な支援としてのコミュニティの運営支援やコミュニティ・シンクタンク活動等の政策支援が重視されるようになろう．そこで初めて市民的地域政策の形成・産出の構造が生まれ，市民・市民活動を基礎とした地域政策が持続的に生産される状況が形成されるものと考えられる．

(2)　「土木国家」の地方行政体から「市民国家」の市民政府へ

①土木国家の正体

　さて，市民・市民活動・市民的地域政策の位置づけを確認するために，少し視点を変えて，マクロな行政システムに目を向けてみよう．これまでの自治体は，利益誘導の装置の 1 つであり，自治体行政は国家的な経済的財政的刺激を社会に伝える媒体として位置づけられていた．たしかに，われわれの住む国土は地域資源が不均等に分布している．それを均霑化するために，再配分することと，経済的財政的刺激を継起的に行う装置の両面が中央と地方の関係に組み込まれていた．同時に，市民が仮置きの存在であり，需要者としても位置づけられていたこともあって，利用者・消費者からの評価システムは実質的に機能しなかった．住民・市民に関してのこのような位置づけでは，導入された評価のシステムは行政内部か行政機関同士の評価システムとなり，十分な牽制のしくみが働かなかった．

　戦後，一方で民主主義が語られながら，その内実として国土復興から経済成長のインフラ整備の過程において巨大公共事業が推進され，まさしく土木

国家としての政策装置が貫徹されていった．土木国家とは「中央集権体制のもとに，巨大公共投資を軸に土木・建設事業を中心とした諸産業が，政・官・財複合体を形成し，主として産業基盤整備を進めることを通じて，経済社会における癒着・談合の構造を強化しつつ，その複合体をして国家的規模ないし地域的規模を問わず，それらの経営に大きな影響力を有している様相の濃い国家」[1]である．この土木国家は，国家的公共性を掲げて，地域を開発してきた．それが地域のためではなく産業基盤整備という国家的公共性のためであった．長期的には地域を収奪することとなったのはゆえなしとはしない．そして，この装置は自治体の存在からすれば，あまりにも大きいものであって，その全体装置の一部に組み込まれざるを得なかった．

このような状況の下で，革新自治体はこの国家的政治行政のシステムに抵抗をみせた．同時に，戦後民主主義と市民主体のまちづくりを緊急避難や実験的事例として提起するとともに，個別具体的な政策次元からの自治体行政のあり方を示すことの有効性を実証してみせた．このことは後になって，自治体行政のスタイルの一部となった．

しかし，かつて山のように強固と思われた土木国家システムは，都市と農村を問わず国土に大きなつめ跡を残しながら，崩壊しつつある．大規模農業基盤や農業水利等の事業の中止，住宅・都市インフラの不良資産化等，土木国家的な事業システムの惰性が引き起こした残骸が山をなしている．官僚倫理の崩壊もそれに続いている．

②自治体行政の国家離れ

この土木国家崩壊による視界の広がりもあって，先にふれたように市民の力量が高まり，注目を集めるようになった．ちょうど，原生林を支配していた大木の崩落によって，それまで光の当らなかった小木に日光が当り，それらが大きく成長するさまに似ている．その手がかりをつくり，足がかりを市民に与えつつあるのは，自治体行政である．自治体行政は国家と地域の2つのステージ，中央政府と市民の2つの関係を同時にとりもつ機能を期待され

ているが，80年代以降に市民サイドに重心をかけはじめ，90年代以降には市民志向を強めるようになった．

21世紀になる直前の5年間に，それまでの20世紀的課題としての中央と地方の関係における地方分権に1つの区切りをつけたのも大きい．2000年の地方分権一括法の施行は，国家と中央政府の自治体行政から地域と市民の自治体行政への重点移行をもたらし，市民自治を軸にした自治体としてのガバナンスの志向がとられるようになった．そこでは，土木国家にみられた政府と市場の大きなうねりの中で，自治体行政の運営を行い，市民の安全性，保健性，快適性，生きがい等のあり方を見出そうとするのではなく，地域や市民の力を基礎とした持続的な発展の可能な途の再発見が求められる．この過程は，これまでの自治体行政による国や都道府県依存をやめ，自主的に地域の政策を作り出せる知恵袋をもつことである．そこに，市民国家としての自治体行政と市民の生き方が見出されるはずである．

(3) 市民文化の形成と制度条件の整備へ
①市民が観客席を降りて，ゲームに参加

その鍵になるのは本書において提起している市民的地域政策であり，コミュニティ支援であろう．市民がいわば地域づくりのゲームの観客席から降りて，その社会改革の輪に入るようになりつつある．そのなかで，市民活動の特性に応じた活動のフィールドや展開する手法等が求められている．なぜかといえば，自治体行政の政策と市民の政策はまったく別物であって，行政の手法を市民は使えないばかりか，そのフィールドや手法にアクセスすると無力感にとらわれてやめてしまうか，何もしないで行政依存を決め込むことになりかねない．行政の政策と市民の政策は適度な融合が必要であるが，現実は自治体行政の政策が質量ともに圧倒的だからである．

したがって，ここで認識されるべきは，市民文化に基づく市民による政策形成の重要性である．これまでの文書主義の行政政策から人間の行動（アクション）とそれによってもたらされる関係によって，社会が変わる生きた政

策の形成を住民・市民は求めている．そこでは，市民自身が，地域と社会を知り，地域の問題点や課題を理解し，解決方策をつくり上げるという一種の市民文化の創造に求めたい．この展開は，地域コミュニティの共同性を触発し，コミュニティ支援の構造を強固なものとして構築することになるであろう．

②分厚い市民の政策文化

そのバックグラウンドには，分厚い市民の政策文化がなければならない．同時に，まちづくり中心のプロセスと地域学習次元からの主体間の連携重視が求められる．そこでは，市民の自主性による自発的な活動やネットワークの多面的な展開であって，そのことを豊かなものとして受容する社会的雰囲気の形成と維持が求められている．市民参加，市民活動，市民と行政の協働に関する制度・システムの整備もまた必要である．自治の都市や地域であることを包括的に規定する自治基本条例を中心に，住民投票や市民立法の環境整備が行われることを期待したい．

(4) 市民スタンスの自治体行政の確立へ

①自治の道具が揃っている

ところで，このような市民活動の高まりは，地域政治や自治体行政のかたち（スタイルとスタンス）に変化をもたらす．すでに，多くの自治体は政策面において産業のインフラ整備から生活面の充実へ，ハードからソフトへの重点以降をすませつつある．たとえば，最近の総合計画やその計画体系には，その冒頭に重要な課題が記述されてきたという実態を踏まえると，生活面のテーマや身近な出来事が計画事項として先行して記述されていることに気づかされる．都市，地域の成熟度等との関係もあるが，かつての市町村総合計画の行政分野の配列は逆であって，土地利用や産業のような基盤的項目が先に示され，住民・市民の活動がその後に並ぶといったものと好対照を示している．また，多くの自治体行政において市民，企業，行政のパートナーシッ

プをその原則としており，情報公開，行政手続き，広聴広報，パブリック・コメント，監査，苦情処理・自治体オンブズマン等として展開されているアカウンタビリティ（説明責任）も充実されつつある．

さらに，自治体の組織機構は，かつての中央省庁各局―府県の部課に連なるものから，住民・市民の向き合ったものに変化しつつある．行政の効率性や特有の名称等をやめて，住民にわかりやすい配置，名称に変更する自治体は多い．また，市民活動のテーマに対応したプロジェクトチーム，対策本部等も設置されている．

②市民の生活領域での問題解決

地域内分権，都市内分権や広域のまちづくりにも注目したい．ここでの分権は行政区域よりも狭い範囲の地域社会における問題解決に関する決定権限や機能をより狭域の単位に委ねるものである．それによって狭域の地域社会の自主的決定領域を大きくしていこうとするもので，地域的市民活動にとっては自治体行政へのアクセスが容易になるということである．その先鞭をつけたのは世田谷区の総合支所であるが，地方分権の推進と市町村合併による旧市町村区域の自主性の保持等の要請から，これまでの大都市的例外としての状況から一般的な都市的制度になる可能性をみせている．また，広域のまちづくりは行政色が薄まるなかで，市民活動重視の事業展開等を進めてきた．もともと市民活動は，自治体行政の枠組みを超えて展開しているものであって，グラスルーツや身近な生活の課題は一面でより狭い区域における対応を必要とするとともに，もう一面で行政区域を超えた広域的な広がりをもつことになる．

このような自治体行政の変化の要請は，それまでの行政の世界からのものではなく，住民・市民の生活世界のものであって，それに自治体としての一体性を失わないで対処していくことが自治体行政の市民スタンスということである．

3. 構想としての地域政策学

　最後に，住民，近隣社会における生活現場からの自発的政策形成を推進する研究ジャンルとして，「地域政策学」を提唱しておきたい．これまでの地域政策とそれを理論的に支えてきたのは法的思考や政治学の流れをくむ行政学によるものであった．そこでは，近代官僚制の概念をバックボーンとした政策論やアメリカ行政学による戦後の地方自治がわが国の地域政策の形成をリードしてきた．

　だが，こうした行政学は，官と官，官と民の領域分配には機能しているが，本書において提起してきた住民の生活世界を起点とする運動型ボランタリーアソシエーションからの政策的展開に関しては有効な分析枠組みを提起していない．住民や近隣社会における主観的なものを政策の背景として認識するにとどまるか，より深められたとしても課題として提起されるにとどまっていた．

　しかし，深化する都市型社会において，住民・市民間，住民と近隣・地域社会との調整，市民社会のロジックによる住民・市民と行政の関係の形成等が生じるが，これまでの政治学を源流とする論理展開ではなく，市民生活の特性や地域社会の実態を政策形成に結びつける手法と自発的で間欠的な住民行動特性を反映させた政策内容が問われているといえる．今後の課題として，そこに住み生き続ける住民とその物的基礎としての近隣社会を基本とする地域政策学とでもいえる学問ジャンルを構想すべきであることを提起しておきたい．

注
1）　本間義人『土木国家の思想―都市論の系譜』日本経済評論社，1996年，1頁．

あとがき

　ここまでお読みいただいた方に，本書「市民的地域社会の展開」の意図を明らかにしておきたい．私たちの地域社会は長い間，官のものであった．官の国土，官の県土，官の市町村域，官の大字小字であった．旧慣に従ったとはいえ，その地域区分と運営のリーダーシップは官の手にあった．国土の未来は官の手に委ねられてきた．県土も国土と市町村域に挟まれた中二階という位置にあって，結果として官の手法によって経営されてきた．市町村の地域は住民・市民の手の届く地域の社会なのだが，制度，権限そして財源のおおもとが国に置かれていることもあって，官の手法の影響から逃れることはできなかった．さらに，私たちの身近な生活地域であっても，その未来づくりを行政に委ねてきた．行政が動かなければ，何も決まらない．行政が本気にならなければ地域が動かない．そんなことが常識のように語られている．地域は住民のものなのに，気がつかないくらい自然に，行政依存のものとなっている．「地域社会」という日本語は官と行政のものであって，住民・市民のものではない．それが本書の出発点である．
　土木国家や官の都市をまとめた法政大学名誉教授の本間義人は，その点で論理は明快である．土木国家はやめなければならない．官の都市は民の都市に転換されなければならない．だが，こんな土木国家，官の都市はそんな地域社会に固められたものだけに，簡単にはなくならない，どのように批判しても，地域社会は市民国家，民の都市にはなり得ないのである．結果としての国家や都市を撃つのではなく，官の文化が根付いている地域社会を私たちはどうにかしなければならない．
　表題に掲げた「市民的地域社会」は自然な地域社会では，官のものであって，それを意識的に住民・市民の世界で組み立て直したい．そんな思いを込めている．それで，近隣社会を取り上げた．コミュニティを取り上げた．運

動型アソシエーションとしての集団論や市民的ポリティクス思考が重要だと指摘し続けた．コミュニティ支援という下から，横からの扶け合いの意義の大きさを説いた．時代は変わる．地域社会は無意識では，官の地域社会として運営されている．それを意識的に確認して，「市民的地域社会」として問い直し，つくり直すことだ．本書ではそう言いたかった．

本書には，「住民・市民」という表記が多い．紛らわしいので，住民か市民のどちらかに書き分けられないのか．編集担当者から意見をいただいた．住民は地域にこだわって行動する人を指し，市民は生活者としての自覚をもって，その責務と権利を実行している人を指している．どちらかにしたいと考えた．だが，いくら考えてもそうはならない．住民も市民もともに存在するからである．住民は市民志向をもち，市民は住民志向をもって欲しい．結果的に，本書では書き分けることができなかった．

私のしごとは自治体行政の研究から始まった．35年前には，地域政策は地域開発のジャンルの一部として論じられていた．それも国土政策から切り出され，中央政府がリーダーシップを握っていた．地域政策という言葉がもたらすイメージがどうであれ，建設省や経済企画庁の政策であった．それを市民の政策，自治体の政策として読み直し，定着させることを多くの人が考えていた．だけど，そのまま中央政府がリーダーシップをとり続けるに違いないと思う時代であった．1970年の前半のことである．

それから牛歩のような歩みではあったが，地域政策は多くの観点から議論され着実に地域のもの，自治体行政のものになった．その渦中に私はいたように思う．その頃に，住民・市民の活動の可能性に目覚めた．地域社会に身を置いて，社会を変えようとする活動を重く見るようになった．住民・市民から地域社会を捉え，地域に変革を起こす．そんなことに未来を感じていた．私にとっての地域政策は東京都心の日本都市センターにおける調査研究から始まった．そこから山梨に拠点を移し，さらに宇都宮に現場を変えた．都市センターを出て11年目になる．弘前に学びの場所を移して1年半になる．

その間もずっと住民・市民からの地域政策を考えてきた．現在，つがる市

で地域社会とのつながりを持っている．木造商店街の改革者たちと語らいながら，津軽地方の地域に生きる人々のまさに住民の気概を感じている．同時に，市民として改革をやり遂げたいという主体性も感じている．

私は自著を書くとは思っていなかった．しごとで必要な文章は書くが，自分の本を書くとは思っていなかった．それを分かった上で，1冊の本書きを勧めていただいた法政大学名誉教授の本間義人さんに感謝したい．法政大学大学院人間社会研究科への学位論文提出の機会までつくって，促していただいた．地域政策のおもしろさと大切さを教えていただいたのは，実は元横浜市企画調整局長の田村明さんである．総合研究開発機構で初めてお目にかかり，それから30年，ご指導いただいている．都市センター時代には，事務所によく訪ねられ，都市や地域の経営の大切さを語った．元東北芸術工科大学の水島孝治さんにもお礼申し上げたい．要領の悪い私に目をかけ，叱咤されたのは一度や二度のことではない．その他にも，元中央大学の奥田道大さん，法政大学の岡崎昌之さんにはいつも勇気をもらっている上に，論文審査をしていただき，たくさんの知見を与えて下さった．

それにしても，この世界に送りこんでいただいた國學院大学の故高木鉦作先生には言葉がない．何をしてもじっと見守りいただき，お亡くなりになるまで，御面倒をおかけ続けた．

母ミヨ子と妻葉子への謝意も記しておきたい．母は佐世保にいて不肖の息子を不安な気持ちで見ていた．妻は何をしても堂々と見守っていた．2人は先の見えない世界に無謀にも飛び込んだ愚かで非力な私を黙って見守ってくれた．最後に，出版の機会を与えていただいた栗原哲也社長と清達二さんに心からお礼を申し上げて，筆をおく．

2008年9月

弘前市桜林の自宅にて

檜槇　貢

索引

［あ行］

Iターン林業　142
アカウンタビリティ　218
秋田感恩講　68
飛鳥田一雄　37, 76
e子育てネット　108
育英基金　71
一万人市民集会　77
犬田充　34
インフォーマルの自治文化　52
宇都宮市市民活動助成基金　134, 135
宇都宮テクノポリス　128, 129
運動型アソシエーション　5, 15, 16, 178, 179, 211
衛生組合　69
江戸町会所　68
愛媛県内子町　40
エンパワーメント　189, 191
大分県湯布院町　40
大原社会問題研究所　71
奥井復太郎　27
奥田道大　10, 27, 36
越智昇　44
恩賜型篤志活動　61

［か行］

懐徳堂　68
革新自治体　37, 48, 63, 79, 215
過疎の村を活かす　40
環境公害問題　75
関東大震災　29
官の都市　7, 9
逆都市化　209
旧村一拠点　144

行基　65
協働　205
共同体的相互扶助　65
共同風呂　66
京都市　40
清原工業団地　126
近隣
　新しい――　53
　インフォーマルな――　24
　――自治　3, 22, 25
　――社会　3, 25, 28, 47, 48, 49, 53, 96, 171
　――住区　23, 97
　――政府　22, 25, 26
　――ネットワーク　24
倉沢進　10
クラブ型市民会議　50
区民会議　77
経済格差　33
啓明会　71
原始的共同体　22
交換の論理　3, 5, 211
公共サービス　46
交叉的横断的　169
公設公営　196
公設民営　196, 198, 199
構造改革特区　2, 95-6
高度成長　33, 62
神戸市　40
国際基督教大学　103
国民生活審議会　78
　――調査部会　25, 38
国民の細胞網　30
国家総動員　70
後藤春彦研究室　149
五人組　67, 69

コミュニティ　13
　　大沢地区——・センター　96
　　——・カルテ　101, 121
　　——支援　5, 9, 15, 17, 18, 91, 187, 188, 189, 190, 191, 193, 194, 200, 204, 205, 206
　　——住区　97, 102, 109
　　——・シンクタンク　17, 157, 205, 210
　　——・セクター　180, 181
　　——・センター　31, 32, 94, 96, 112, 119, 192
　　——・ゾーニング　97
　　——・バンク　40
　　——・ビジネス　17, 92, 94, 108, 109, 112, 155
　　——ブーム　31
　　——・プラン　31
　　——・ボンド　40
　　——モデル　39

[さ行]

サイエンス型政策思考　166, 167
サイエンス思考　13
災害ボランティア　50
在宅福祉　81
佐藤栄一　118, 136
佐藤俊一　62, 63
サポートセンター　17
三全総の概案　80
山村過疎社会　150, 152, 206
三位一体改革　2
自己組織力　32
市場化テスト　2
自然の論理　147
自治会加入率　122
市町村合併　218
市長と市民の会　77
自発的ネットワーク　14
シマおこし　78
市民営　134
市民活動　9, 12, 13, 43, 118

　　——共同オフィス　174
　　——支援　199, 206
　　——推進条例　82
　　——サポート機能　92
　　——サポートセンター　119, 125, 132, 133, 135, 136, 201, 203, 207
市民協働　1, 116, 169
　　——センター　110, 111, 112
市民サロン　50
市民参画　1
市民社会　49
　　——論　213
市民政府　3
市民的公共圏(性)　4, 49, 53, 212
市民的政策　159
　　——思考　12, 13, 167, 183
市民的専門性　5
市民的地域政策　3, 5, 9, 13, 14, 16, 89, 91, 92, 164, 170, 171, 173, 175, 176, 182, 190, 192, 204, 209, 211, 213, 216
市民都市　92, 116, 117, 133, 159
市民文化　216
社会的実験　2
社会的セーフティ・ネット　169
社会福祉協議会　50
ジャパン・アズ・ナンバーワン　64
宗教の慈善　65, 66, 69, 72, 82, 210
住宅再生　45
集団就職列車　75
住民運動　34, 35, 39, 48, 76
住民協議会　98, 99, 101, 102
　　——連絡会　101
集落機能の広域化　153
小学校区　125
小区　69
情報公開　205, 218
上流文化圏　148, 152
昭和の大合併　17, 120
水力の電源開発　140
鈴木広　10
生活現場　7, 171, 172, 173, 176, 211

索引

生活世界　9, 108, 218
生活提案型市民運動　43
政治的慈恵　65, 66, 68, 82, 210
清振協　129, 130, 131
制度疲労　59
青年同志会　144
世田谷区まちづくりセンター　47
全戸加入団体　29, 30
全国都市問題会議　74
戦後民主主義　7, 62, 215
選択的居住　3
総合研究開発機構　61
相互扶助　47, 66, 210
ソーシャル・キャピタル　89, 213

[た行]

第三の政府　27
高木鉦作　11, 27
田中重好　74, 79
頼母子講　66
玉野井芳郎　41
田村明　40
団塊の世代　44
地域管理機能　44
地域主義　41
地域に根ざすシンクタンク　90
地域政策学　219
地区行政　4, 210
地区市民センター　120, 121
地区社協　44
地方の時代　64
地方分権改革　2, 64
中学校区　120
中間支援機能　199, 203
中間支援組織　196, 197, 199
中山間地域　93, 147
町会規約要領　29
町内会・自治会　11, 13, 17, 25, 61
辻一幸　143, 146
デジタル通信網　95
電子自治体　96

電子政府　10
東京一極集中　80
東京芸術大学演劇学科　175
東京市政調査会　71
東西対立の思考　81
同志の結束　180
遠野市　40
特定非営利活動促進法　193
特定非営利法人　12
都市化社会　3
都市型社会　3, 8, 147
都市的生活様式　28
土木国家　163, 176, 215
共に生きる場　59, 83

[な行]

内務省訓令第4号　73
中田宏　47, 174
長野県南木曽町妻籠　40
習志野市　78
奈良まちづくりセンター　61
鳴海正泰　62, 63
西尾勝　35
二宮尊徳　68
21世紀の国土のグランドデザイン　114
2,000人のホームページ　150, 151, 155
日本上流文化圏研究所　93, 138, 142, 147, 148, 150, 153, 154, 156, 159, 206
日本上流文化圏宣言　147
日本地域開発センター　11
日本都市センター　26
人間居住環境　80
ネットワーキング　43, 79, 80

[は行]

配分の論理　3, 211
博愛社　72
白紙からの市民参加　102, 103, 112
パートナーシップ　8, 47, 81-2, 203
　——協定　104, 106
　——都市　106

パブリックコメント　118, 218
原田積善会　71
阪神淡路大震災　12, 21, 46, 213
備荒対策　68
広島県作木村　40
ファシリテーター　125
フィランソロピー　60
福祉NPO　50
福祉コミュニティ　44, 213
福島県三島町　40
福田富一　113, 116, 118
普通選挙制度　30, 70
部落会町内会整備要領　71
報徳社　68
方面委員　70
補完性の原理　169
ポスト都市型社会　113
北海道池田町　40
ボランタリー・アソシエーション　10, 12, 13, 15, 50, 51, 177, 178, 182
　運動型——　180
ボランタリー・セクター　168
ボランティアセンター　200
ポリティクス型政策思考　165, 166, 167, 168, 170, 173, 176

［ま行］

まちおこし　78
町田市　40
まちづくり　11, 13, 40
㈱まちづくり三鷹　94, 107
松下圭一　12, 164, 165, 182, 183
マッチング　112
　——ギフト方式　134

ミイイズム　64
ミゼリコルディア　66
みたか市民プラン21会議　94, 109
南アルプスふるさと活性化財団　145, 146
南アルプス邑ゆうげぇし集会　146
民間公益活動　68, 72
民間非営利活動　75
民生委員　70
民設民営　196, 198
モデルコミュニティ　119
森村豊明会　71

［や行］

安田修徳会　71
翼賛的町内会　209
横浜コード　173
横浜市市民集会条例案　77

［ら・わ行］

良民　29, 70
歴史的町並み保存　40
連合自治会　120, 125
ワークショップ　46
われわれ意識　39

［欧文］

CDC　45
GHQ　74, 75
INSの実験　106
NPO　47, 109, 110, 125, 170, 171, 174, 201, 202
　——法　132, 182
SOHO　106, 107

［著者紹介］

檜槇 貢（ひまき みつぐ）

弘前大学大学院地域社会研究科教授・弘前大学地域共同研究センター長．1949年長崎県生まれ．㈶日本都市センター主任研究員，㈶山梨総合研究所調査研究部長，作新学院大学地域発展学部教授を経て，2007年4月から現職．

市民的地域社会の展開

2008年10月25日　第1刷発行

著　者　檜　槇　　　貢
発行者　栗　原　哲　也
発行所　株式会社　日本経済評論社
〒101-0051 東京都千代田区神田神保町 3-2
電話 03-3230-1661／FAX 03-3265-2993
振替 00130-3-157198
装丁＊渡辺美知子　　　太平印刷社・高地製本所

落丁本・乱丁本はお取替いたします　　Printed in Japan
Ⓒ HIMAKI Mitsugu 2008

・本書の複製権・譲渡権・公衆送信権（送信可能化権を含む）は㈱日本経済評論社が保有します．
・JCLS〈㈱日本著作出版権管理システム委託出版物〉
本書の無断複写は著作権法上での例外を除き禁じられています．複写される場合は，そのつど事前に，㈱日本著作出版権管理システム（電話 03-3817-5670, FAX 03-3815-8199, e-mail : info@jcls.co.jp）の許諾を得てください．

市民的地域社会の展開（オンデマンド版）

2011年4月20日　発行

著　者　　檜槇　貢
発行者　　栗原　哲也
発行所　　株式会社　日本経済評論社
　　　　　〒101-0051　東京都千代田区神田神保町3-2
　　　　　　　　電話 03-3230-1661　FAX 03-3265-2993
　　　　　　　　E-mail: info8188@nikkeihyo.co.jp
　　　　　　　　URL: http://www.nikkeihyo.co.jp/

印刷・製本　株式会社 デジタルパブリッシングサービス
　　　　　　URL http://www.d-pub.co.jp/

AF957

乱丁落丁はお取替えいたします。　　　　Printed in Japan
　　　　　　　　　　　　　　　　　ISBN978-4-8188-1664-0

・JCOPY〈（社）出版者著作権管理機構　委託出版物〉
本書の無断複写は著作権法上での例外を除き禁じられています。
複写される場合は、そのつど事前に、（社）出版者著作権管理機構
（電話 03-3513-6969, FAX 03-3513-6979, e-mail: info@jcopy.
or.jp）の許諾を得てください。